U0598460

住房和城乡建设部"十四五"规划教材
高等职业教育建设工程管理类专业工作手册式创新教材

建设项目全过程工程咨询服务

余春春　傅　敏　主　编
郑　嫣　沈　坚　副主编
沙　玲　潘统欣　主　审

中国建筑工业出版社

图书在版编目(CIP)数据

建设项目全过程工程咨询服务 / 余春春，傅敏主编；
郑嫣，沈坚副主编. — 北京：中国建筑工业出版社，
2023.6(2024.11重印)

住房和城乡建设部"十四五"规划教材 高等职业教
育建设工程管理类专业工作手册式创新教材

ISBN 978-7-112-28865-6

Ⅰ. ①建… Ⅱ. ①余… ②傅… ③郑… ④沈… Ⅲ.
①基本建设项目－咨询服务－高等职业教育－教材 Ⅳ.
①F284

中国国家版本馆 CIP 数据核字(2023)第 115071 号

本教材在对全过程工程咨询产业链相关岗位所需的专业知识和专项能力科学
分析的基础上，以工程项目为背景，以能力培养为目标，以行动导向为教学组织，
以典型工作任务为载体，采用学习领域课程开发模式，创建了专项咨询服务和报
审与项目建设管理两个学习领域，旨在培养学生全过程工程咨询工作的能力，能
参与全过程工程咨询服务工作，会办理建设工程的报批报建报验工作。

本教材可作为职业教育土建类专业的教学用书，也可供专业技术人员参考
使用。

为更好地支持相应课程的教学，我们向采用本书作为教材的教师提供教学课
件，有需要者可与出版社联系，邮箱：jckj@cabp.com.cn，电话：(010)
58337285，建工书院 https://edu.cabplink.com(PC 端)。

* * *

责任编辑：吴越恺
责任校对：姜小莲
校对整理：李辰馨

住房和城乡建设部"十四五"规划教材
高等职业教育建设工程管理类专业工作手册式创新教材
建设项目全过程工程咨询服务
余春春　傅　敏　主　编
郑　嫣　沈　坚　副主编
沙　玲　潘统欣　主　审
*
中国建筑工业出版社出版、发行（北京海淀三里河路9号）
各地新华书店、建筑书店经销
北京红光制版公司制版
建工社（河北）印刷有限公司印刷
*
开本：787毫米×1092毫米　1/16　印张：13　字数：320千字
2023年8月第一版　　2024年11月第二次印刷
定价：**39.00**元（赠教师课件）
ISBN 978-7-112-28865-6
(41292)

版权所有　翻印必究
如有内容及印装质量问题，请联系本社读者服务中心退换
电话：(010) 58337283　QQ：2885381756
（地址：北京海淀三里河路9号中国建筑工业出版社604室　邮政编码：100037）

出 版 说 明

党和国家高度重视教材建设。2016 年，中办国办印发了《关于加强和改进新形势下大中小学教材建设的意见》，提出要健全国家教材制度。2019 年 12 月，教育部牵头制定了《普通高等学校教材管理办法》和《职业院校教材管理办法》，旨在全面加强党的领导，切实提高教材建设的科学化水平，打造精品教材。住房和城乡建设部历来重视土建类学科专业教材建设，从"九五"开始组织部级规划教材立项工作，经过近 30 年的不断建设，规划教材提升了住房和城乡建设行业教材质量和认可度，出版了一系列精品教材，有效促进了行业部门引导专业教育，推动了行业高质量发展。

为进一步加强高等教育、职业教育住房和城乡建设领域学科专业教材建设工作，提高住房和城乡建设行业人才培养质量，2020 年 12 月，住房和城乡建设部办公厅印发《关于申报高等教育职业教育住房和城乡建设领域学科专业"十四五"规划教材的通知》（建办人函〔2020〕656 号），开展了住房和城乡建设部"十四五"规划教材选题的申报工作。经过专家评审和部人事司审核，512 项选题列入住房和城乡建设领域学科专业"十四五"规划教材（简称规划教材）。2021 年 9 月，住房和城乡建设部印发了《高等教育职业教育住房和城乡建设领域学科专业"十四五"规划教材选题的通知》（建人函〔2021〕36 号）。为做好"十四五"规划教材的编写、审核、出版等工作，《通知》要求：（1）规划教材的编著者应依据《住房和城乡建设领域学科专业"十四五"规划教材申请书》（简称《申请书》）中的立项目标、申报依据、工作安排及进度，按时编写出高质量的教材；（2）规划教材编著者所在单位应履行《申请书》中的学校保证计划实施的主要条件，支持编著者按计划完成书稿编写工作；（3）高等学校土建类专业课程教材与教学资源专家委员会、全国住房和城乡建设职业教育教学指导委员会、住房和城乡建设部中等职业教育专业指导委员会应做好规划教材的指导、协调和审稿等工作，保证编写质量；（4）规划教材出版单位应积极配合，做好编辑、出版、发行等工作；（5）规划教材封面和书脊应标注"住房和城乡建设部'十四五'规划教材"字样和统一标识；（6）规划教材应在"十四五"期间完成出版，逾期不能完成的，不再作为《住房和城乡建设领域学科专业"十四五"规划教材》。

住房和城乡建设领域学科专业"十四五"规划教材的特点，一是重点以修订教育部、住房和城乡建设部"十二五""十三五"规划教材为主；二是严格按照专业标准规范要求编写，体现新发展理念；三是系列教材具有明显特点，满足不同层次和类型的学校专业教学要求；四是配备了数字资源，适应现代化教学的要求。规划教材的出版凝聚了作者、主审及编辑的心血，得到了有关院校、出版单位的大力支持，教材建设管理过程有严格保障。希望广大院校及各专业师生在选用、使用过程中，对规划教材的编写、出版质量进行反馈，以促进规划教材建设质量不断提高。

住房和城乡建设部"十四五"规划教材办公室

2021 年 11 月

前　言

为适应全过程工程咨询产业高素质高技能人才培养的需要，在以就业为导向的能力本位的教育目标指引下，本教材编写团队与教育、企业和行业的专家长期合作，进行了一系列的教学研究和教学改革，完成了对接岗位标准的全过程工程咨询工作能力训练配套的工作手册式教材的编写。

本教材在对全过程工程咨询产业链相关岗位所需的专业知识和专项能力科学分析的基础上，采用学习领域课程开发模式，以工程项目为背景，以能力培养为目标，以典型工作任务为载体，以行动导向为教学组织，以学生为中心，将相关理论知识结合在能力训练中，进行全过程工程咨询产业链的工作岗位职业能力的训练。在教学内容的编排上充分考虑了高职高专学生的特点、培养目标和能力体系的要求，本教材采用企业提供的丰富、真实的生产环境和工程实例，制作了形式多样，立体化、信息化课程资源，实现教材的多功能作用，充分体现了为能力训练服务的新形态教材的特色。

本教材由浙江省全过程工程咨询与监理管理协会与浙江省工程咨询与监理行业联合学院的相关理事单位共同编写，将用于"行业—学院—企业"三方共同培养全过程工程咨询产业链上的高等职业技术应用型和技能型人才。

本教材由浙江建设职业技术学院余春春、傅敏负责思路的统筹和提纲的确定，由浙江一诚工程咨询有限公司郑嫣和建正工程咨询有限公司沈坚负责内容提要的编写，由浙江建设职业技术学院余春春、褚晶磊、张宸、隋向东、徐震，金华职业技术学院赵孝平，浙江同济科技职业学院童慧芝等参与编写和修改，最后由浙江建设职业技术学院余春春负责统稿。本教材由浙江建设职业技术学院沙玲和浙江一诚工程咨询有限公司潘统欣主审。本教材在编写过程中得到了浙江省全过程工程咨询与监理管理协会、浙江省工程咨询与监理行业联合学院的相关理事单位、台州市椒江区住房和城乡建设局以及台州市椒江区公用工程建设中心领导和专家的大力支持、帮助和指导，在此表示由衷的感谢。

本教材在写作过程中参考了众多相关的研究论文和著作，引用了相关文献资料，吸收了多方面的研究成果，绝大部分资料来源已经列出，如有遗漏，恳请原谅。同时向这些文献资料的作者表示诚挚的谢意！

由于高职教育的人才培养方法和手段在不断变化、发展和提高，我们所做的工作也是在探索和尝试，且由于编者自身水平、能力有限，教材难免存在不妥之处，敬请广大读者、行业同仁提出宝贵意见。

2023 年 3 月

目　　录

第一部分　课程学习导言

1. 课程性质描述

"建设项目全过程工程咨询服务"是一门基于工作过程开发的学习领域课程，是工程咨询产业链上工作岗位的通用能力课程。（1）适用专业：土木建筑大类；（2）开设时间：第四学期；（3）学分学时：4学分/64学时。

2. 典型工作任务描述

全过程工程咨询服务是具有工程咨询、勘察、设计、监理、造价咨询资质的单位，以自身的技术专长，为建设方局部或整体做出前期咨询、勘察、设计、施工监理、招投标、造价咨询、运行维护、BIM服务等一项或多项项目专项咨询服务的同时，受托负责项目建设管理。

3. 课程学习目标

本课程创建了两个学习领域，即学习领域1专项咨询服务和报审以及学习领域2项目建设管理。通过本课程的学习使学生具备参与全过程工程咨询工作能力，能在全过程工程咨询服务项目负责人的领导下实施全过程工程咨询服务工作，会办理建设工程的报批报建报验工作。

通过本课程的学习，学生应该能够具有下列能力和素养：

（1）培养正确的政治素养及良好的公民素养、人文素养和职业素养。

（2）能核对项目建议书的要件完整性；会收集项目建议书的报审所需资料；会独立完成项目建议书的报送、报审；能核对可行性研究报告的要件完整性；会收集可行性研究报告的报审所需资料；会独立完成可行性研究报告的报送、报审。

（3）能编制项目勘察成果文件核对表，进行勘察相关文件的审核和报送；能编制项目初步设计的要件核对表，进行初步设计的审核；能编制初步设计报审材料自查表，收集初步设计所需的资料并报审；能编制项目施工图设计的要件核对表，进行施工图设计的审核；能编制施工图设计报审材料自查表，收集施工图设计所需的资料并报审。

（4）能开展项目施工监理工作，能编制项目施工监理相关文件的核对表，收集、编制并核对项目施工监理相关文件，并能做好收发文记录。

（5）能编制发包方式清单，确定投资限额；施工招标时，能收集并核对工程量清单编制依据，核对工程量清单成果文件并进行备案，核对招标文件并进行招标备案；能核对中标通知书，编制招投标情况书面报告备案表并进行备案；能收集并核对工程款支付文件；能收集并核对竣工结算报告。

（6）能开展运行维护咨询工作，能编制项目总结报告、设施管理咨询报告和项目后评价报告等文件的核对表，能收集、编制并核对运行维护相关文件，并报送建设单位。

（7）能编审BIM总实施方案；能编制问题落实汇总表，协调平衡各BIM参建单位；

能编制信息汇总表，整理成果文件，编制 BIM 实施经验总结报告并报送建设单位。

（8）能进行合同管理，编制合同管理用表。

（9）能编制项目技术管理策划；能编制技术规格书；会审核施工过程的技术文件的审批情况；能编制采购的技术参数表；能编制管理登记表、任务下达表，任务检查、督促、纠偏表等；能编制新技术、新材料、新工艺和新产品的应用管理用表。

（10）能建立项目管理体系；能编制常用进度、质量、投资、安全和环境管理节点表；能编制进度、质量、投资、安全和环境管理计划表；能编制管理登记表、任务下达表、任务检查、督促、纠偏表等。

（11）能制定沟通协调制度；能搭建通用、高效、协同的交互平台，并做好动态维护；能编制沟通记录。

（12）能建立信息管理体系；能进行项目信息收集、项目信息处理及运用；能进行项目信息管理评价。

（13）能够分析出影响建设项目的风险因素；能够对风险因素进行正确的评价并作出适时的控制。

（14）能制订工程移交工作计划表；能组织参建单位移交竣工档案和移交建设项目实体；能向城建档案管理部门移交建设工程竣工档案。

（15）能参照工作制度、报批报建报验方案范本，根据本项目实际情况，制定报批报建报验方案；能按照报批报建报验方案，完成报批报建报验和成果文件的管理工作。

（16）能编制项目策划书。

4. 学习组织形式与方法

本课程倡导行动导向的教学方式，通过问题的引导，促进学生主动思考和学习。班级可根据学习情境所需的工作要求，组建学生学习小组。学生在合作中共同完成工作任务。分组时请注意兼顾学生的学习能力、性格和态度等个体差异，以自愿为原则。

学生划分小组，每个组就是一个工作小组，在小组划分时应考虑学生个体差异进行组合。教师根据实际工作任务设计教学情境，教师的角色是策划、分析、辅导、评估和激励。学生的角色是主体性学习，应主动思考、自己决定、实际动手操作。学生小组长要引导小组成员制定详细规划，并进行合理有效的分工。

5. 学习情境设计

各学习领域及学习情境设计见表1、表2。

学习领域 1 专项咨询服务和报审 表 1

学习情境 1	前期咨询和报审	参考学时	8
主要学习目标	（1）能编制项目建议书要件核对表，核对项目建议书的要件完整性； （2）会收集项目建议书的报审所需资料； （3）会独立完成项目建议书的报送、报审； （4）能编制可行性研究报告要件核对表，核对可行性研究报告的要件完整性； （5）会收集可行性研究报告的报审所需资料； （6）会独立完成可行性研究报告的报送、报审		
工作任务	根据给定的工程项目，开展前期咨询和相关报审工作		

续表

学习情境 2	勘察设计和报审	参考学时	6
主要学习目标	(1) 能编制项目勘察成果文件核对表，进行勘察相关文件的审核和报送； (2) 能编制项目初步设计的要件核对表，进行初步设计的审核； (3) 能编制初步设计报审材料自查表，收集初步设计所需的资料并报审； (4) 能编制项目施工图设计的要件核对表，进行施工图设计的审核； (5) 能编制施工图设计报审材料自查表，收集施工图设计所需的资料并报审		
工作任务	根据给定的工程项目，开展勘察、设计和相关报审工作		
学习情境 3	项目施工监理和报送	参考学时	6
主要学习目标	(1) 能开展项目施工监理工作； (2) 能编制项目施工监理相关文件的核对表，收集、编制并核对项目施工监理相关文件，并能做好收发文记录		
工作任务	根据给定的工程项目，开展项目施工监理和相关报送工作		
学习情境 4	招投标与造价咨询和报送	参考学时	6
主要学习目标	(1) 能编制发包方式清单，确定投资限额； (2) 施工招标时，能收集并核对工程量清单编制依据，核对工程量清单成果文件并进行备案，核对招标文件并进行招标备案； (3) 能核对中标通知书，编制招投标情况书面报告备案表并进行备案； (4) 能收集并核对工程款支付文件； (5) 能收集并核对竣工结算报告		
工作任务	根据给定的工程项目，开展招投标、造价咨询和相关报送工作		
学习情境 5	运行维护和报送	参考学时	3
主要学习目标	(1) 能开展运行维护咨询工作； (2) 能编制项目总结报告、设施管理咨询报告和项目后评价报告等文件的核对表； (3) 能收集、编制并核对运行维护相关文件，并报送建设单位		
工作任务	根据给定的工程项目，开展运行维护和相关报送工作		
学习情境 6	BIM 服务和报送	参考学时	3
主要学习目标	(1) 能编审 BIM 总实施方案； (2) 能编制问题落实汇总表，协调平衡各 BIM 参建单位； (3) 能编制信息汇总表，整理成果文件，编制 BIM 实施经验总结报告并报送建设单位		
工作任务	根据给定的工程项目，开展 BIM 服务和相关报送工作		

学习领域 2 项目建设管理　　　　　　表 2

学习情境 7	合同管理	参考学时	4
主要学习目标	能进行合同管理，编制合同管理用表		
工作任务	根据给定的工程项目，开展合同管理工作		
学习情境 8	技术管理	参考学时	2
主要学习目标	(1) 能编制项目技术管理策划； (2) 能编制技术规格书； (3) 会审施工过程的技术文件的审批情况； (4) 能编制采购的技术参数；能编制管理登记表、任务下达表、任务检查、督促、纠偏表等； (5) 能编制新技术、新材料、新工艺和新产品的应用管理用表		
工作任务	根据给定的工程项目，开展技术管理工作		

续表

学习情境 9	进度、质量、投资、安全和环境管理	参考学时	6
主要学习目标	（1）能建立项目管理体系； （2）能编制常用进度、质量、投资、安全和环境管理节点表； （3）能编制进度、质量、投资、安全和环境管理计划表； （4）能编制管理登记表、任务下达表、任务检查、督促、纠偏表等		
工作任务	根据给定的工程项目，进行进度、质量、投资、安全和环境管理		
学习情境 10	协调管理	参考学时	4
主要学习目标	（1）能制定沟通协调制度； （2）能搭建通用、高效、协同的交互平台，并做好动态维护； （3）能编制沟通记录		
工作任务	根据给定的工程项目，开展协调管理工作		
学习情境 11	信息管理	参考学时	4
主要学习目标	（1）能建立信息管理体系； （2）能进行项目信息收集、项目信息处理及运用； （3）能进行项目信息管理评价		
工作任务	根据给定的工程项目，开展信息管理工作		
学习情境 12	风险管理	参考学时	2
主要学习目标	（1）能够分析出影响建设项目的风险因素； （2）能够对风险因素进行正确的评价并作出适时的控制		
工作任务	根据给定的工程项目，开展风险管理工作		
学习情境 13	移交管理	参考学时	2
主要学习目标	（1）能制订工程移交工作计划表； （2）能组织参建单位移交竣工档案和移交建设项目实体； （3）能向城建档案管理部门移交建设工程竣工档案		
工作任务	根据给定的工程项目，开展移交管理工作		
学习情境 14	报批报建报验	参考学时	4
主要学习目标	（1）能参照工作制度、报批报建报验方案范本，根据本项目实际情况，制订报批报建报验方案； （2）能按照报批报建报验方案，完成报批报建报验和成果文件的管理工作		
工作任务	根据给定的工程项目，开展项目的报批报建报验和成果文件管理工作		
学习情境 15	项目策划	参考学时	4
主要学习目标	能编制项目策划书		
工作任务	根据给定的工程项目，进行项目策划工作，编制项目策划书		

6. 学业评价

课程评价总表见表 3；学生自评表见表 4；学生互评表见表 5；教师综合评价表见表 6。

课程评价总表 表3

学号	姓名	学习领域1		学习领域2		总评
		分值	比例（50%）	分值	比例（50%）	

学生自评表 表4

学习情境			
评价项目	评价标准	分值	得分
专业知识	能独立完成能力训练	40	
工作态度	态度端正，无无故缺勤、迟到、早退现象	15	
工作质量	能按要求实施，按计划完成工作任务	15	
协调能力	与小组成员、同学之间能合作交流，协调工作	15	
职业素质	能综合分析问题、解决问题；具有良好的职业道德等	15	

学生互评表 表5

学习情境						评价对象（组别）					
评价项目	分值	等级				1	2	3	4	5	6
计划合理	10	优	良	中	差						
团队合作	15	优	良	中	差						
组织有序	10	优	良	中	差						
工作质量	20	优	良	中	差						
工作效率	10	优	良	中	差						
工作完整	15	优	良	中	差						
工作规范	10	优	良	中	差						
成果展示	10	优	良	中	差						

教师综合评价表 表6

学习情境				
评价项目		评价标准	分值	得分
考勤（10%）		无无故迟到、早退、旷课现象	10	
工作过程（60%）	专业知识	能独立完成能力训练	20	
	工作态度	态度端正，无无故缺勤、迟到、早退现象	10	
	工作质量	能按要求实施，按计划完成工作任务	10	
	协调能力	与小组成员、同学之间能合作交流，协调工作	10	
	职业素质	能综合分析问题、解决问题；具有良好的职业道德；事业心强，有奉献精神；为人诚恳、正直、谦虚、谨慎	10	

续表

评价项目		评价标准	分值	得分
项目成果（30%）	工作完整	能按时完成任务	10	
	工作规范	能按示范文本完成文件编制	10	
	成果展示	能准备表达、汇报工作成果	10	
合计			100	
综合评价	自评（20%）	小组互评（30%）	教师评价（50%）	综合得分

7. 术语

（1）全过程工程咨询

采用多种服务方式组合，为项目决策、实施和运营持续提供局部或整体解决方案以及管理的服务。

（2）全过程工程咨询单位

建设项目全过程工程咨询的受托方，且具有国家现行法律规定的与工程规模和委托服务内容相适应的工程勘察、设计、监理、造价咨询等资质的单位。

（3）全过程工程咨询服务

由项目建设管理和一项或多项的项目专项咨询组成的咨询服务，包括项目建设管理和项目专项咨询两部分内容。

（4）项目建设管理

全过程工程咨询服务中，运用系统的理论和方法，对建设项目进行计划、组织、指挥、协调和控制的咨询服务。

（5）项目专项咨询

全过程工程咨询中涉及的前期咨询、勘察、设计、招标采购、造价、监理、运行维护、BIM服务等专业咨询服务。

（6）全过程咨询项目负责人

由全过程工程咨询单位委派，全面履行咨询合同，具备相应资格和能力的项目负责人员，简称为项目负责人。

（7）专项负责人

具备相应资格和能力，在项目负责人管理协调下，开展全过程工程咨询某一专项咨询服务的负责人。

（8）项目建设管理措施

主要包括组织措施、技术措施、经济措施和合同措施等。

1）组织措施，例如增加人员投入，重新计划或调整计划，派遣得力的管理人员；

2）技术措施，例如变更技术方案，采用新的、更高效率的施工方案；

3）经济措施，例如增加投入，对工作人员进行经济激励等；

4）合同措施，例如进行合同变更，签订新的附加协议，通过索赔解决费用超支问题等。

学习领域 1　专项咨询服务和报审

学习情境 1　前期咨询和报审

1.1　学习情境描述

××国家旅游度假区基础设施建设开发中心因某地块规划建造 36 班小学的前期投资立项等工作与××工程咨询有限公司签订了咨询合同。根据合同约定及建设单位的投资意向，该工程咨询有限公司组建了项目组，项目组内的专业咨询工程师通过搜集资料和踏勘调研编制了项目建议书。该项目建议书经总咨询师审核和投资人确认后，向××地方发展和改革委员会进行申报。经××地方发展和改革委员会审批通过后取得了批复文件。根据项目建议书批复文件、用地预审、选址意见书和财政部门的资金证明，该工程咨询有限公司按照相同的流程完成了可行性研究报告的编制，经总咨询师审核和投资人确认后，向××地方发展和改革委员会进行申报。××地方发展和改革委员会审批通过后取得了批复文件，再进行勘察设计工作。

1.2　学习目标

（1）能编制项目建议书要件核对表，核对项目建议书的要件完整性；会收集项目建议书的报审所需资料；会独立完成项目建议书的报送、报审；

（2）能编制可行性研究报告要件核对表，核对可行性研究报告的要件完整性；会收集可行性研究报告的报审所需资料；会独立完成可行性研究报告的报送、报审。

备注：该专项咨询服务的其他知识和能力在相应课程中进行教学。

1.3　任务书

根据给定的工程项目，开展前期咨询和相关报审工作。

1.4　工作准备

引导问题 1

什么是项目建议书？它的作用是什么？成果是什么？

 **小提示**

项目建议书是要求建设某一具体项目的建议文件、建设程序中最初阶段的工作，是投资决策前对拟建项目的轮廓设想。

其主要作用是论述一个报建项目建设的必要性、条件的可行性和获得的可能性，供投资人或建设管理部门选择并确定是否进行下一步工作的决策参考。

项目建议书的成果是形成项目建议书文本。项目建议书经投资主管部门批准后，可以进行可行性研究工作，但并不表明项目非上不可，项目建议书不是项目的最终决策。

 **引导问题 2**

项目建议书的内容是什么？

_____

_____

_____

_____

 **小提示**

项目建议书的内容主要包括：

（1）项目建设的依据、必要性和任务

1）项目建设的依据

概述项目所在地的行政区划和自然、地理、资源情况，社会经济现状以及地区国民经济与社会发展规划对项目建设的要求；概述项目所在地建设现状及其近、远期发展规划对项目建设的要求；说明项目所依据的产业发展规划和各项专业规划。

2）项目建设的必要性

阐明项目所在地区国民经济和社会发展规划中的地位与作用，论证项目建设的必要性。

根据地区国民经济发展规划和建设项目任务要达到的目标，在产业发展规划和相关规划的基础上，进行必要的补充调查研究工作，对所在地区功能基本相同的项目方案进行综合分析比较，阐明各项目方案的优缺点，论述推荐本项目的理由。

3）项目建设的任务

阐述本项目的建设任务，按照国家政策和总体效益优化原则，分析研究有关部门对本项目的要求，结合工程条件，考虑本项目在区域规划中的作用，提出项目的开发目标和任务的主次顺序。对分期开发的项目分别拟定近期和远期的开发目标与任务。

（2）项目建设条件

1）水文、气候

简述工程所在区域自然地理、水系概况等；简述工程地点的气候特性和主要气象要素的统计特征值。

2）地质

简述工程区域地形地貌、地层岩性、地质构造、构造稳定性，并初步确定工程场区地震基本烈度。对工程地质环境及主要工程地质问题提出初步评价意见。

3）其他外部条件

分析项目所在地区和附近有关地区的生态、社会、人文环境等外部条件及其对本项目的相互影响。说明有关部门和地区对项目建设的意见、协作关系以及有关协议。说明有关其他部门、地区影响该工程立项的因素。

（3）项目初步建设方案

1）项目目标及功能定位

项目功能定位及市场目标定位。对项目目标及功能的定位，是项目投资策划咨询和开发建设的一项重要工作。

2）项目方案构思

项目方案构思是对未来投资项目的目标、功能、范围以及项目涉及的各主要因素和大体轮廓的设想与初步界定。

3）项目方案初步论证

本项目的构成，包括大致估计建设内容及规模。提出选址初步意见和初步的土建、公用、辅助工程方案，估算出总建筑面积及主要单项工程的建筑面积。

（4）投资机会研究

投资机会研究又称投资机会论证。这一阶段的主要任务是提出建设项目投资方向建议，即在一个确定的地区和部门内，根据自然资源、市场需求、国家产业政策和国际贸易情况，通过调查预测和分析研究选择建设项目，寻找投资的有利机会。

机会研究要解决两个方面的问题：一是社会是否需要；二是有没有可以开展项目的基本条件。

机会研究一般从以下三个方面着手开展工作：

第一是以开发利用本地区的某一丰富资源为基础，谋求投资机会；

第二是以现有工业的拓展和产品深加工为基础，通过增加现有企业的生产能力与生产工序等途径创造投资机会；

第三是以优越的地理位置、便利的交通条件为基础分析各种投资机会。

这一阶段的工作比较粗略，一般是根据条件和背景相类似的建设项目来估算投资额和生产成本，初步分析建设投资效果，提供一个或一个以上可能进行建设的项目投资或投资方案。这个阶段所估算的投资额和生产成本的精确程度控制在±30％左右。大中型项目的机会研究所需时间在1～3个月，所需费用占投资总额的0.2％～1％。如果投资人对这个项目感兴趣，再进行下一步的可行性研究工作。

该阶段的工作成果为项目建议书中的部分内容，项目建议书是拟建项目单位向国家提出的要求建设某一项目的建议文件，是对建设项目建设的轮廓设想。

（5）环境影响初步评价

说明项目所在地区的环境质量、环境功能等环境特征。

根据工程影响区的环境状况，结合工程开发的规模、运用方式、施工组织方式等特性，应说明工程开发是否与这些规划的目标相协调。从环境保护角度分析是否存在工程开发的重大制约因素。对环境的主要不利影响，应初步提出减免的对策和措施。

（6）项目管理实施方案

1）进度计划

进度计划包括项目立项、规划方案送审、可研报批、征地拆迁，勘察、设计、施工图设计及相关审查、招投标等。建设工期基本合理科学，符合相关部门对建设工期的要求。

2）招标方案

招标方案中，对项目的招标事项包括招标范围、招标组织形式、招标方式等进行论述，符合国家有关政策、法律、法规，复核项目特点和实际需求，具备可操作性和对后期工作的指导性。

（7）投资估算及资金筹措

1）投资估算

简述投资估算的编制原则、依据及采用的价格水平。初拟主要基础单价及主要工程单价。提出投资主要指标，包括主要单项工程投资、工程静态总投资及动态总投资。估算分年度投资。对主体建筑工程应进行单价分析，按工程量估算投资。其他建筑工程、临时工程投资可按类比法估算。设备及安装工程投资可采用扩大指标估算。其他费用可根据工程规模逐项分别估算或综合估算。

2）资金筹措设想

资金筹措设想是提出项目投资主体的组成以及对投资承诺的初步意见和资金来源的设想。

（8）经济初步评价

1）经济评价依据：说明经济评价的基本依据。

2）财务初步评价

说明财务评价的价格水平、主要参数及评价准则、项目总投资、资金来源和条件；说明各项财务支出、构成项目成本的各项费用、初估项目收入；简述项目利润分配原则，提出财务初步评价指标。若需要融资，还需简述还贷资金来源，预测满足贷款偿还条件的物品价格，对项目的财务可行性进行初步评价。

（9）社会初步评价

1）社会影响初步分析

说明项目的社会影响分析旨在分析预测项目可能产生的正面影响和负面影响。包括项目对所在地区居民收入的影响、居民生活水平和生活质量的影响、居民就业的影响、项目对所在地区不同利益群体的影响、对教育、卫生的影响。

2）社会互适性初步分析

初步分析预测项目能否为当地的社会环境人文条件所接纳，以及当地政府、居民支持项目存在与发展的程度，考察项目与当地社会环境的相互适应关系。

3）项目的初步社会风险分析

项目的社会风险分析是对可能影响项目的各种社会因素进行识别并提出防范措施。对项目的社会可行性进行初步评价。

（10）结论与建议

1）综述项目建设的必要性、任务、规模、建设条件、建设方案、环境影响、建设工期、投资估算和经济评价等主要成果。

2）简述项目建设的主要问题，以及地方政府及各部门有关方面的意见和要求。

3）提出综合评价结论，并提出今后工作的建议。

 引导问题 3

项目建议书编制的方法是什么？

 小提示

项目建议书编制的方法主要包括：

（1）充分了解国家、地方的相关法规、政策，紧密结合自身行业的特点论证，项目建设目标要与国家、地区、部门、行业的宏观规划目标一致；

（2）通过广泛的考察、调研，借鉴同行业的经验，资料数据要准确、可靠，要有较强的说服力；

（3）采用定性分析（如政策因素、效果因素等）与定量分析（如规划、项目定位、交通需求预测等）相结合的方法进行项目建议书的必要性审核；

（4）采用简单估算法（包括单位生产能力估算法、生产能力指数法、比例估算法、系数估算法、指标估算法等）进行投资估算审核。

 引导问题 4

项目建议书申请的条件是什么？

 小提示

采用直接投资、资本金注入方式的政府投资项目，按照表1-1准备好相关材料，才可以进行项目建议书的报审。

项目建议书申请材料目录　　　　　　　　　　　　　　　　表1-1

材料名称	材料形式	必要性及描述
所需的资金证明	系统自动获取，如数据不全则需申请者提交	必要
项目建议书报批文件	电子	必要
项目建议书	电子	必要

 引导问题 5

什么是可行性研究报告？它的作用是什么？成果是什么？

 小提示

可行性研究一般是在项目建议书（初步可行性研究）的基础上，详细地对在哪建、建什么、建多大、何时建、如何实施、如何规避风险、谁来运营、产生什么社会效应和经济效益等问题进行分析、研究。通过对拟建项目的建设方案和建设条件的分析、比较、论证，从而得出该项目是否值得投资，筹资方案、建设方案、运营方案是否合理、可行的研究结论，为项目的决策提供依据。

可行性研究是建设项目决策分析与评价阶段的重要工作。可行性研究的过程既是深入调查研究的过程，又是多方案比较选择的过程。因此，可行性研究具有预见性、公正性、可靠性、科学性的特点。

可行性研究报告的作用如下：

（1）为投资人筹集资金，申请银行贷款提供依据；

（2）为商务谈判和签订有关合同或协议提供依据；

（3）批准的可行性研究报告是初步设计文件的编制依据。

可行性研究的成果是形成可行性研究报告文本。可行性研究报告主要是通过对项目的市场需求、资源供应、建设规模、工艺路线、设备选型、环境影响、资金筹措、盈利能力等，从技术、经济、工程等方面进行调查研究和分析比较，并对项目建成以后可能取得的财务、经济效益及社会影响进行预测，从而提出该项目是否值得投资和如何进行建设的咨询意见，为项目决策提供依据的一种综合性文本。

 引导问题 6

可行性研究报告的内容是什么？

 小提示

根据《投资项目可行性研究指南》以及相关政策文件的规定，建设项目的可行性研究

报告一般包括以下内容：

（1）总论

总论包括项目提出的背景与概况、可行性研究报告编制的依据、项目建设条件、问题与建议。

（2）市场预测

市场预测包括市场现状调查、产品供需预测、价格预测、竞争力与营销策略、市场风险分析。

（3）资源条件评价

资源条件评价包括资源可利用量、资源品质情况、资源赋存条件、资源开发价值。

（4）建设规模与产品方案

建设规模与产品方案包括建设规模与产品方案构成、建设规模与产品方案的比选、推荐的建设规模与产品方案、技术改造项目推荐方案与原企业设施利用的合理性。

（5）场（厂）址选择

场（厂）址选择包括场（厂）址现状及建设条件描述、场（厂）址方案比选、推荐的场（厂）址方案、技术改造项目现有场（厂）址的利用情况。

（6）技术设备工程方案

技术设备工程方案包括技术方案选择、主要设备方案选择、工程方案选择、技术改造项目技术设备方案与改造前比较。

（7）原材料、燃料供应

原材料、燃料供应包括主要原材料供应方案选择，燃料供应方案选择。

（8）总图运输与公用辅助工程

总图运输与公用辅助工程包括总图布置方案、场（厂）内外运输方案、公用工程与辅助工程方案、技术改造项目与原企业设施的协作配套。

（9）节能措施

节能措施包括节能设施、能耗指标分析（技术改造项目应与原企业能耗比较）。

（10）节水措施

节水措施包括节水设施、水耗指标分析（技术改造项目应与原企业水耗比较）。

（11）环境影响评价

环境影响评价包括环境条件调查、影响环境因素分析、环境保护措施、技术改造项目与原企业环境状况比较。

（12）劳动安全卫生与消防

劳动安全卫生与消防包括危险因素和危害程度分析、安全防范措施、卫生保健措施、消防措施。

（13）组织机构与人力资源配置

组织机构与人力资源配置包括组织机构设置及其适应性分析、人力资源配置、员工培训。

（14）项目实施进度

项目实施进度包括建设工期、实施进度安排、技术改造项目的建设与生产的衔接。

（15）投资估算

投资估算的内容包括投资估算范围和依据、建设投资估算、流动资金估算、总投资额及分年投资计划。

（16）资金筹措

资金筹措包括融资组织形式选择、资本金筹措、债务资金筹措、融资方案分析。

（17）财务评价

财务评价包括财务评价基础数据与参数选取、销售收入与成本费用估算、财务评价报表、盈利能力分析、偿债能力分析、不确定性分析、财务评价结论。

（18）经济效益和社会效益

经济效益和社会效益包括项目的经济效益、项目的社会效益。经济效益是资金占用、成本支出与有用生产成果之间的比较。社会效益是指项目实施后为社会所做的贡献。

（19）研究结论与建议

研究结论与建议包括推荐方案总体描述、推荐方案的优缺点描述、主要对比方案、结论与建议。

引导问题 7

可行性研究报告编制的方法是什么？

小提示

可行性研究报告编制的方法主要包括：

（1）现场调查与资料分析相结合。在研究过程中，要特别注意现场踏勘、实地调查与资料的分析比较，根据以往经验，一个方案的稳定和落实，要对现场进行多次反复踏勘、深入了解，将多次调查结果密切结合，才能取得综合各项制约因素和条件后较为完善的推荐方案。同时需要了解国内及国外的相关文献和政策法规。

（2）理论分析与专家经验相结合。结合专家的经验，明确到对具体案例的分析，使定量分析取得最佳结果。

（3）可行性研究与专题研究相结合。为使可行性研究报告更加深入，内容更加丰富、翔实，更具科学性和合理性，并满足可行性研究报告报批对相关支持性文件的要求，在进行可行性研究报告编制时，要开展一系列专题研究，与可行性研究工作结合进行。

（4）方案论证与外部协调相结合。项目可行性研究涉及的专业众多，外部制约条件复杂，所以在研究过程中，既要注意论证方案的合理性，又要注意与外部条件的协调性。

（5）定性分析与定量分析相结合。遵循定性分析与定量分析相结合的原则，并以定量分析为主，力求能够反映项目实施中的费用（如投资、运营成本等）与收益（如运营收入等）；对不能直接进行定量分析比较的，则实事求是地进行定性分析。

（6）静态分析与动态分析相结合。静态分析与动态分析各有特点，不可舍弃两者中的任何一种，在项目决策分析与评价中应根据需要，采用静态分析与动态分析相结合，动态分析为主，静态分析为辅的决策分析与评价方法。

（7）多方案比较与优化。多方案的比较论证与优化是项目决策分析与评价的关键，尤其是进行多目标决策分析时，方案众多，可采用综合评分法、目标排序法、逐步淘汰法或两两对比法进行比选，并运用价值工程方法进行方案优化。

 引导问题 8

可行性研究报告申请的条件是什么？

 小提示

已完成项目建议书申请的直接投资、资本金注入方式的政府投资项目，按照表1-2准备好相关材料，才可以进行可行性研究报告的报审。

可行性研究报告的申请材料目录　　　　　　　　　　表1-2

材料名称	材料形式	必要性及描述	材料出具单位
项目可行性研究报告报批文件	原件	必要	申请人
项目可行性研究报告	原件	必要	申请人
自然资源主管部门出具的建设项目用地预审与选址意见书	复印件	必要	自然资源主管部门
财政部门的出资意见，涉及贷款的还需提供金融机构贷款承诺函；涉及举债的，应当由财政部门对债务风险进行评估	原件	必要	财政部门
水利、交通项目需要行业主管部门的意见	原件	非必要	水利、交通行业主管部门

 引导问题 9

全过程工程咨询单位在前期咨询服务中的主要工作内容是什么？

 小提示

前期咨询服务的主要工作内容包括投资策划书、项目建议书、可行性研究报告、项目

申请报告、资金申请报告、环境影响评价报告、社会稳定风险评估、职业健康风险评估、地质灾害危险性评估、交通影响评价、节能评估、水土保持方案等相关报告的编制，并配合业主报送相关的政府、各主管部门进行审批等。

前期咨询和报审
能力训练

1.5　能力训练

（1）任务下达

根据指导老师确定的工程项目，模仿案例，依据报审的基本步骤，编审项目建议书，收集项目建议书的报审所需资料并独立完成项目建议书的报送及报审；编审可行性研究报告，收集可行性研究报告的报审所需资料并独立完成可行性研究报告的报送及报审。

图 1-1　某地块规划建设 36 班
小学项目效果图

（2）步骤交底

某地块规划建设 36 班小学，建设总建筑面积约 39100m^2，投资估算 21851 万元，建设资金来自国有，出资比例为 100％。项目效果图如图 1-1 所示。

第一步：编审项目建议书

本案例中，××国家旅游度假区基础设施建设开发中心与××工程咨询有限公司签订了咨询合同，如图 1-2 所示。根据合同约定及建设单位的投资意向，编制了项目建议书，如图

1-3 所示。在报审前，该工程咨询有限公司利用项目建议书要件核对表（表 1-3），对项目建议书进行核对，将核对无误的项目建议书进行报审。

建设工程咨询服务合同示范文本

（征求意见稿）

××建设工程

项目建议书

编制单位：××工程咨询有限公司
编制时间：2020 年 1 月

图 1-2　建设工程咨询服务合同示范文本

图 1-3　某地块规划建设 36 班小学项目建议书
（部分摘录）（一）

目　录

图 1-3　某地块规划建设 36 班小学项目建议书
（部分摘录）（二）

图 1-3　某地块规划建设 36 班小学项目建议书
（部分摘录）（三）

某地块规划建设 36 班小学项目项目建议书要件核对表　　　表 1-3

序号	内容	是否完整（完整打"√"，不完整打"×"）
1	项目建设的依据、必要性和任务	√
2	项目建设的条件	√
3	项目建设初步方案	√
4	投资机会研究	√
5	环境影响初步评价	√
6	项目管理实施方案	√
7	投资估算及资金筹措	√
8	经济初步评价	√
9	社会初步评价	√
10	结论与建议	√

第二步，填写项目建议书申请，收集资料申报。

经总咨询师审核、投资人确认后，将填写好的项目建议书申请报告，如图 1-4 所示。附件即项目建议书和资金证明如图 1-5 所示，向××地方发展和改革委员会申报。

关于申请审批××地块 36 班小学
项目建议书的请示报告

××市发改委：

　　为解决××区域教学资源，提高教学质量，我单位组织编写了《××地块 36 班小学项目建议书》，现报送你委审批。项目有关情况如下：

　　一、项目建设的必要性：

　　(1)建设和改善小学教育基础设施是当今社会发展的需要，教育环境的优劣直接体现当地经济及文化的发展水平，本项目的建设将不仅适应时代潮流的发展，更是以人为本和构建和谐社会的需要。

　　(2)贯彻《中华人民共和国义务教育法》，提高公民素质、构建和谐社会、全面建设小康社会。

　　(3)解决××街道小学的教学办公用房紧张、配套教学设施残缺的根本途径，提高办学硬件及办学质量。

　　(4)××街道居民期盼建造一个与区经济高速发展相适应的高水平小学，以满足他们对教育定位的需求。

　　本项目的建设是义务教育事业发展的需要，是满足人民群众对高水平小学教育的需要，有利于提高小学教育的办学水平，推动小学教育事业的发展，有利于提高民族素质，构建和谐社会，因此有着良好的社会效益。

　　二、项目选址：××街道。东临××，南至××，西至用地界线，北至××。

　　项目地块自然环境条件优越，周边规划区主要功能为居民住宅用地及河、街道，四周没有高噪声源，有利于学校教学工作的开展。

　　三、项目建设内容及规模：某地块规划建设 36 班小学，建设总建筑面积约 39100m²，包含行政综合楼、教学楼、食堂、宿舍和操场等。

　　四、项目总投资及资金来源：

　　投资估算 21851 万元，建设资金来自国有，出资比例为 100%。

　　五、项目建设工期：计划开工时间：××年××月××日，计划完工时间：××年××月××日。

图 1-4　某地块规划建设 36 班小学
项目建议书申请（一）

　　六、项目建设管理方式：由××国家旅游度假区基础设施建设开发中心建设。

　　七、项目勘察、设计、监理的招标方式和招标组织形式：采用公开招标形式。

　　八、项目经济社会效益评价：

　　本项目迁建完成后，将极大地改善××街道小学教学配套基础设施落后的问题，扩大招生规模，促进教育公平，使××街道小学能适应并推动××区教育事业的快速发展，具有良好的社会效益。

　　专此请示

××国家旅游度假区基础设施建设开发中心

××年××月××日

图 1-4　某地块规划建设 36 班小学
项目建议书申请（二）

第三步，接收项目建议书批复，收集可研依据。

××地方发展和改革委员会接到项目建议书申请报告及附件资料后，在法定期限 15 个工作日内进行办结，给出项目建议书批复文件，如图 1-6 所示。

在获取投资主管部门的项目建议书的批复后，还需获取财政部门的资金证明，自然资源主管部门的用地预审和选址意见书（图 1-7)，才能进行下一步工作。

第四步，编审可研报告。

在收到项目建议书批复的基础上，根据合同约定及建设单位的投资意向，编制了可行性研究报告，如图 1-8 所示。在报审前，该工程咨询有限公司应利用可行性研究报告要件核对表（表 1-4)，对可行性研究报告进行核对，将核对无误的可行性研究报告再进行报审。

××省财政厅文件

财建〔〕号

××省财政厅关于××资金申请报告的批复

报来××市××年某地块 36 班小学工程项目资金申请报告及相关材料收悉，根据《省发展改革委办室、省农业厅办公室关于做好××年学校工程中央预算内投资计划申报工作的通知》要求，此次所报项目已经组织专家评审并出具审查意见研究，原则同意本次所报项目资金申请报告。

一、项目建设的必要性和可行性

二、建设规模及主要内容

三、工程投资

四、建设工期

附表:市××年学校工程项目中央预算内投资计划申报表

××省财政厅

××年××月××日

××省财政厅办公室　　　××年××月××日印发

—1—

图 1-5　资金证明

××市发展和改革委员会文件

××市发改审〔〕号

关于××地块 36 班小学项目建议书的批复

××国家旅游度假区基础设施建设开发中心：

你单位关于××地块 36 班小学项目的《建议书审批申请表》及相关附件收悉。经研究，我委原则同意你单位编制的《××地块 36 班小学项目建议书》，现将有关内容批复如下：

一、项目建设的必要性

本项目的建设是义务教育事业发展的需要，是满足人民群众对中、高档小学教育的需要，有利于提高小学教育的办学水平，推动小学教育事业的发展，有利于提高民族素质，构建和谐社会，有着良好的社会效益，因此建设该项目是必要的。

二、项目选址

××街道。

三、建设内容及规模

某地块规划建设 36 班小学，建设总建筑面积约 39100m²，包含行政综合楼、教学楼、食堂、宿舍和操场等。

四、建设周期

图 1-6　某地块规划建设 36 班小学
项目建议书批复文件（一）

三年。

五、建设资金及来源

总投资 21851 万元，建设资金来自国有，出资比例为 100%。

六、其他

根据《政府投资条例》有关规定，请据此批复开展下阶段工作，并编制可行性研究报告报我委审批。

特此批复

××市发改委

××年××月××日

附注：投资项目执行唯一代码制度，通过投资项目在线审批监管平台，实现投资项目"平台受理、代码核验、办件归集、信息共享"。请项目业主准确核对项目代码并根据审批许可文件及时更新项目登记的基本信息。

抄送：区发改委、区府办、自然资源和规划分局、生态环境分局、财政局、住建局、综合行政执法局、农业农村局、审计局、交通运输局。

××发展和改革委员会办公室××年××月××日印发

项目代码：2019-320259-83-01-××××××

图 1-6　某地块规划建设 36 班小学
项目建议书批复文件（二）

中华人民共和国

建设项目
用地预审与选址意见书

用字第 320281202000×××　号

根据《中华人民共和国土地管理法》《中华人民共和国城乡规划法》和国家有关规定，经审核，本建设项目符合国土空间用途管制要求，核发此书。

核发机关

日　期

图 1-7　用地预审和选址意见书（一）

基本情况	项目名称	某地块规划建设36班小学
	项目代码	2019-320259-83-01-54××××
	建设单位名称	××国家旅游度假区基础设施建设开发中心
	项目建设依据	《××高铁高端生活区控制性详细规划》; 《××土地利用总体规划》(2006-2020年)
	项目拟选位置	××小湖小学南侧、××路西侧
	拟用地面积 (含各地类明细)	总面积××平方米 (建设用地××平方米)
	拟建设规模	不大于4××平方米
附图及附件名称		规划选址图:澄自然资规选〔2020〕第××号 规划要点:澄自然资规要〔2020〕××号

遵守事项

一、本书是自然资源主管部门依法审核建设项目用地预审和规划选址的法定凭据。

二、未经依法审核同意,本书的各项内容不得随意变更。

三、本书所需附图及附件由相应权限的机关依法确定、与本书具有同等法律效力,附图指项目规划选址范围图,附件指建设用地要求。

四、本书自核发起有效期三年,如对土地用途、建设项目选址等进行重大调整的,应当重新办理本书。

图1-7　用地预审和选址意见书(二)

××建设工程

可行性研究报告

编制单位:××工程咨询有限公司

编制时间:2020年3月

图1-8　某地块规划建设36班小学
项目可行性研究报告(部分摘录)(一)

目 录

图1-8　某地块规划建设36班小学
项目可行性研究报告(部分摘录)(二)

图1-8　某地块规划建设36班小学
项目可行性研究报告(部分摘录)(三)

图1-8　某地块规划建设36班小学
项目可行性研究报告（部分摘录）（四）

图1-8　某地块规划建设36班小学
项目可行性研究报告（部分摘录）（五）

某地块规划建设36班小学项目可行性研究报告要件核对表　　　表1-4

序号	内容	是否完整（完整打"√"，不完整打"×"）
1	总论	√
2	市场预测	√
3	资源条件评价	√
4	建设规模与产品方案	√
5	场（厂）址选择	√
6	技术设备工程方案	√
7	原材料、燃料供应	√
8	总图运输与公用辅助工程	√
9	节能措施	√
10	节水措施	√
11	环境影响评价	√

续表

序号	内容	是否完整（完整打"√"，不完整打"×"）
12	劳动安全卫生与消防	√
13	组织机构与人力资源配置	√
14	项目实施进度	√
15	投资估算	√
16	资金筹措	√
17	财务评价	√
18	经济效益和社会效益	√
19	研究结论与建议	√

第五步，填写可研申请，收集资料报审。

经总咨询师审核、投资人确认后，将填写好的可行性研究报告申请报告（图1-9）及附件即可行性研究报告、自然资源主管部门的用地预审和选址意见书、资金证明等向××地方发展和改革委员会申报。

关于申请审批××地块36班小学项目可行性研究报告的
请示报告

××市发改委：

为解决××区域教学资源，提高教学质量，我单位组织编制了《××地块36班小学项目可行性研究报告》，现报送你委审批。项目有关情况如下：

一、项目建设的必要性：

(1)建设和改善小学教育基础设施是当今社会发展的需要，教育环境的优劣直接体现当地经济及文化的发展水平，本项目的建设将不仅适应时代潮流的发展，更是以人为本和构建和谐社会的需要。

(2)贯彻《中华人民共和国义务教育法》，提高公民素质、构建和谐社会、全面建设小康社会。

(3)解决××街道小学的教学办公用房紧张、配套教学设施残缺的根本途径，提高办学硬件及办学质量。

(4)××街道居民期盼建造一个与区经济高速发展相适应的高水平小学，以满足他们对教育定位的需求。

本项目的建设是义务教育事业发展的需要，是满足人民群众对中、高水平小学教育的需要，有利于提高小学教育的办学水平，推动小学教育事业的发展，有利于提高民族素质，构建和谐社会，因此有着良好的社会效益。

二、项目选址：××街道。东临××，南至××，西至用地界线，北至××。

项目地块自然环境条件优越，周边规划区主要功能为居民住宅用地及河、街道，四周没有高噪声源，有利于学校教学工作的开展。

三、项目建设内容及规模：某地块规划建设36班小学，建设总建筑面积约39100㎡，包含行政综合楼、教学楼、食堂、宿舍和操场等。

四、项目总投资及资金来源：

投资估算21851万元，建设资金来自国有，出资比例为100%。

五、项目建设工期：计划开工时间：×年×月×日，计划完工时间：×年×月×日。

六、项目建设管理方式：由××国家旅游度假区基础设施建设开发中心建设。

七、项目招标方式：采用公开招标形式。

八、项目经济社会效益评价：

本项目迁建完成后，将极大地改善××街道小学教学配套基础设施落后的问题，扩大招生规模，促进教育公平，使××街道小学能适应并推动××区教育事业的快速发展，具有良好的社会效益。

专此请示

××国家旅游度假区基础设施建设开发中心

×年×月×日

图1-9　某地块规划建设36班小学
项目可行性研究报告申请报告（一）

图1-9　某地块规划建设36班小学
项目可行性研究报告申请报告（二）

第六步，接收可研批复。

××地方发展和改革委员会接到可行性研究报告申请报告及附件资料后，在法定20个工作日内进行办结，给出可行性研究报告批复文件，如图1-10所示。

××市发展和改革委员会文件

××市发改审〔〕号

关于××地块 36 班小学可行性研究报告的批复

××国家旅游度假区基础设施建设开发中心：

你单位关于××地块 36 班小学项目的《政府投资可行性研究报告审批申请表》及相关附件收悉。经研究，我委原则同意你单位编制的《××地块 36 班小学可行性研究报告》，现将有关内容批复如下：

一、项目建设的必要性

本项目的建设是义务教育事业发展的需要，是满足人民群众对中、高档小学教育的需要，有利于提高小学教育的办学水平，推动小学教育事业的发展，有利于提高民族素质，构建和谐社会，有着良好的社会效益，因此建设该项目是必要的。

二、项目选址

××街道。

三、建设内容及规模

某地块规划建设 36 班小学，建设总建筑面积约 39100m²，包含行政综合楼、教学楼、食堂、宿舍和操场等。

四、建设周期

三年。

五、建设资金及来源

总投资 21851 万元，建设资金来自国有，出资比例为100%。

六、其他

根据《政府投资条例》有关规定，请据此批复开展下阶段工作。

特此批复

××市发改委

××年××月××日

附注：投资项目执行唯一代码制度，通过投资项目在线审批监管平台，实现投资项目"平台受理、代码核验、办件归集、信息共享"。请项目业主准确核对项目代码并根据审批许可文件及时更新项目登记的基本信息。

抄送：区发改委、区府办、自然资源和规划分局、生态环境分局、财政局、住建局、综合行政执法局、农业农村局、审计局、交通运输局。

××发展和改革委员会办公室××年××月××日印发

项目代码：2019-320259-83-01-×××××××

图 1-10　可行性研究报告批复文件（一）　　　图 1-10　可行性研究报告批复文件（二）

（3）工作实施

根据老师指定的项目情况，参照关于申请审批××项目建议书的请示（函）（图1-11），撰写该项目的项目建议书申请，完成项目建议书的报审；参照关于申请审批×××项目可行性研究报告的请示（函）（图1-12），撰写可行性研究报告项目申请，完成可行性研究报告的报审。

1.6　评价反馈：相关表格详见课程学习导言。

关于申请审批××项目建议书的请示（函）

××市发展改革委：

为×××××××××××，我单位组织编写了《××项目建议书》，现报送你委审批。项目有关情况如下：

一、项目建设的必要性：说明项目建设的原因和依据。建设原因重点从需求角度进行分析，建设依据主要包括国家有关建设要求或市政府、市领导决策意见，请说明并附相关文件。

二、项目选址：说明项目初步选址意见。

三、项目建设内容及规模：对项目总建筑面积及具体建设方案、建筑布局进行说明。

四、项目总投资及资金来源：总投资要明确工程费用、工程建设其他费用和预备费的具体数额。

五、项目建设工期：说明计划开工和完工时间。

六、项目建设管理方式：说明选择代建、自管方式及其理由。

七、项目代建、勘察、设计、监理的招标方式和招标组织形式。

八、项目经济社会效益评价：其中经营性项目重点分析经济效益，非经营性项目重点分析社会效益。

专此请示（函达）

附件：1.×××项目建议书(应具备的主要内容附后)

2.×××

3.×××

关于申请审批××项目可行性研究报告的请示（函）

××市发展改革委：

为×××××××××××，我单位组织编制了《××项目可行性研究报告》，现报送你委审批。项目有关情况如下：

一、项目建设的必要性和可行性：必要性从项目建设的原因和依据角度分析；可行性从用地、规划、环评、建设方案比选、资金落实等方面分析，并附有关主管部门的批复文件。

二、项目选址：说明项目拟选地块的基本情况。

三、项目建设内容及规模：对项目总建筑面积、建设内容及具体建设方案、建筑布局进行说明。

四、项目总投资及资金来源：总投资要明确工程费用、工程建设其他费用和预备费的具体数额。资金来源构成要有明确依据。

五、项目建设工期：说明计划开工和完工时间。

六、项目建设管理方式：说明选择代建或自管方式及其理由。

七、项目招标方式：说明勘察、设计、建筑工程、安装工程、监理、设备、重要材料的招标组织形式、招标方式和招标范围。

八、项目经济社会效益评价：其中经营性项目重点分析经济效益，非经营性项目重点分析社会效益。

专此请示（函达）

附件：1.×××项目可行性研究报告(应具备的主要内容附后)

2.×××项目节能评估材料

3.×××

图 1-11　关于申请审批××项目
建议书的请示（函）

图 1-12　申请审批××项目可行性
研究报告的请示（函）

学习情境 2　勘察设计和报审

2.1　学习情境描述

××安居房开发有限公司通过公开招标确定了勘察单位和设计单位，并分别与其签订了某地块保障性安居工程建设工程勘察合同与设计合同。××安居房开发有限公司在工程勘察设计工作开始前，对勘察单位和设计单位的资质进行了复核，并对其安排在本项目的管理人员资格进行了审查，并要求其上报勘察和设计进度。经复核符合要求后，××安居房开发有限公司同意勘察和设计单位开始进行勘察和设计工作。勘察单位对勘察成果进行了内审，符合要求后交付建设单位；设计单位按照各阶段要求，完成了初步设计和初步设计报审。根据批准的初步设计进行了施工图设计，并通过了施工图设计的审批。

勘察设计和报审
学习情境描述

2.2　学习目标

（1）能编制项目勘察成果文件核对表，进行勘察相关文件的审核和报送。

（2）能编制项目初步设计的要件核对表，进行初步设计的审核。编制初步设计报审材料自查表，收集初步设计所需的资料并报审。

（3）能编制项目施工图设计的要件核对表，进行施工图设计的审核。编制施工图设计报审材料自查表，收集施工图设计所需的资料并报审。

备注：该专项咨询服务的其他知识和能力在相应课程中进行教学。

2.3　任务书

根据给定的工程项目，开展勘察、设计和相关报审工作。

2.4　工作准备

 引导问题 1

什么是勘察？它的作用是什么？成果是什么？

_____

_____

_____

_____

 小提示

　　勘察指查明和研究与建筑工程建设场地有关的地形、地质、地下水、岩土的工程性质等条件及它们与建筑工程建设之间可能出现的相互作用关系，并据此作出相应的评价和建议等工作的总称。建筑工程勘察应在了解荷载、结构类型、变形要求的基础上进行。

　　勘察的作用是为了提供建设所需的工程地质资料。勘察分为可行性研究勘察、初步勘察、详细勘察、施工勘察。其中，可行性研究勘察应满足工程选址需要，初步勘察应满足初步设计文件编制的需要，详细勘察应满足施工图设计文件的编制需要，施工勘察应满足施工需要。

　　勘察的成果是形成岩土工程勘察报告。

 引导问题 2

　　岩土工程勘察报告的内容是什么？

_____

_____

_____

_____

 小提示

　　岩土工程勘察报告包括下列内容：

（1）勘察目的、要求和任务；

（2）拟建工程概述；

（3）勘察方法和勘察任务布置；

（4）场地地形、地貌、地层、地质构造、岩土性质、地下水、不良地质现象的描述与评价；

（5）场地稳定性和适宜性的评价；

（6）岩土参数的分析与选用；

（7）岩土利用、整治、改造方案；

（8）工程施工和使用期间可能发生的岩土工程问题的预测、监控和预防措施的建议；

（9）必要的图件。

 **引导问题 3**

岩土工程勘察报告编制的方法是什么？

 **小提示**

岩土工程勘察报告编制的方法主要包括：

（1）岩土工程勘察报告是在原始资料整理、检查和分析基础上编制的勘察成果文件，应做到资料完整、评价正确、建议合理。详勘阶段勘察报告应能作为施工图设计和施工的依据。

（2）勘察报告应有完成单位的公章（法人行政章或资料专用章），应有法人代表（或其授权人）和项目的主要负责人签章。图表均应有完成人、检查人或审核人签字。各种室内试验和原位测试，其成果应有试验人、检查人或审核人签字，当测试、试验项目委托其他单位完成时，受托单位提交的成果还应有该单位公章、单位负责人签章。

（3）勘察报告的编写内容，应根据勘察阶段、任务要求、场地地质条件、工程特点确定，应有明确的针对性。勘察报告一般由文字部分和图表构成。文字与图表内容应协调一致。

（4）勘察报告应采用计算机辅助编制。勘察文件的文字、标点、术语、代号、符号、数字均应符合有关规范、标准。

（5）勘察报告应有良好的装帧，文字部分幅面宜采用 A3 或 A4，篇幅较大时可分册装订。装订应符合下列次序要求：

1）封面和扉页：标识勘察报告名称、工程编号、勘察阶段、编写单位、提交日期、主要负责人等；

2）目次；

3）文字部分；

4）图表；

5）附件（需要时）。

 **引导问题 4**

岩土工程勘察报告编制的条件是什么？

_____

_____

_____

_____

 小提示

在完成资料收集、现场踏勘、勘察纲要编制、勘察工作布置、勘探、取样、原位测试、室内试验等工作后才能进行岩土工程勘察报告的编制。

 **引导问题 5**

什么是工程设计？它的作用是什么？成果是什么？

_____

_____

_____

_____

 **小提示**

工程设计是指对工程项目的建设提供有技术依据的设计文件和图纸的整个活动过程。

（1）工程设计的作用

工程设计是建设项目生命期中的重要环节，是建设项目进行整体规划、体现具体实施意图的重要过程，是科学技术转化为生产力的纽带，是处理技术与经济关系的关键性环节，是确定与控制工程造价的重点阶段。

（2）工程设计的成果

我国的工程建设项目设计，按不同的专业工程分为 2～3 个阶段。

1）建筑与人防专业建设项目，一般分为方案设计、初步设计和施工图设计三个阶段。对于技术要求简单的民用建筑工程，经有关主管部门同意，并在合同中有约定不做初步设计的，可在方案设计审批后直接进行施工图设计。

2）工业、交通、能源、农林、市政等专业建设项目，一般分为初步设计和施工图设计两个阶段。

3）有独特要求的项目，或复杂的、采用新工艺、新技术又缺乏设计经验的重大项目，或有重大技术问题的主体单项工程，在初步设计之后可增加单项技术设计阶段。

方案设计是指在建筑项目实施之前，根据项目要求和所给定的条件确立项目设计主题、项目构成、内容和形式的过程。

初步设计是最终成果的前身，相当于一幅图的草图，一般将没有最终定稿之前的设计都统称为初步设计。

施工图设计是提供项目工程施工时必须的详细图样，指导施工。它根据批准的初步设计或设计招标文件，进行详细设计计算，确定具体的定位、结构尺寸、构造分布与材料、质量与误差、技术细节要求等，绘制出正确、完整和详尽的建筑、结构、水电暖通、设备的建造与安装图纸。

引导问题 6

初步设计文件的内容是什么？

小提示

初步设计文件由设计说明书（包括设计总说明和各专业的设计说明书）、设计图纸、主要设备及材料表和工程概算书四部分内容组成。

初步设计文件的编排顺序如下：

（1）封面；

（2）扉页；

（3）初步设计文件目录；

（4）设计说明书；

（5）设计图纸；

（6）主要设备及材料表；

（7）工程概算书。

引导问题 7

初步设计文件编制的方法是什么？

小提示

在初步设计阶段，各专业应对本专业内容的设计方案或重大技术问题的解决方案进行综合技术经济分析，论证技术上的适用性、可靠性和经济上的合理性，并将其主要内容写进本专业初步设计说明书中。设计总负责人对工程项目的总体设计在设计总说明中予以论述。为编制初步设计文件，应进行必要的内部作业，有关的计算书、计算机辅助设计的计算资料、方案比较资料、内部作业草图、编制概算所依据的补充资料等，均需妥善保存。

初步设计文件深度应满足以下要求：

（1）应符合已审定的设计方案；

（2）能据以确定土地征用范围；

（3）能据以准备主要设备及材料；

（4）应提供工程设计概算，作为审批确定项目投资的依据；

（5）能据以进行施工图设计；

（6）能据以进行施工准备；

（7）初步设计文件编制深度应满足相应的文件规定。

 引导问题 8

初步设计审查申请的条件是什么？

 小提示

按照表 2-1 准备好相关材料，才可以进行初步设计审查的报审。

初步设计的申请材料目录　　　　　　　　　　表 2-1

材料名称	材料形式	材料详细要求	必要性及描述	材料出具单位
项目申请书	原件	一份，包括下列内容：①拟建项目建议书和可行性研究报告批复情况，包括项目名称、建设地点、建设规模、建设内容等；②项目初步设计概况	必要	申请人
初步设计文本（报批稿）	原件	一份	必要	申请人
建设项目用地预审与选址意见书	原件或复印件	一份	必要	自然资源主管部门
勘察、设计合同，通过招投标的应提供中标通知书	原件或复印件	一份	必要	申请人
地质勘察资料	原件	一份	必要	申请人
涉及海域、河道、岸线等使用的提供相应的审批意见	原件	一份	必要	水利部门

引导问题 9

施工图设计文件的内容是什么？

小提示

施工图设计文件的内容以图纸为主，应包括封面、图纸目录、设计说明（或首页）、图纸、工程预算等。设计文件要求齐全、完整，内容深度应符合规定，文字说明、图纸要准确清晰，整个设计文件应经过严格的校审，经各级设计人员签字后，方能提出。

引导问题 10

施工图设计文件编制的方法是什么？

小提示

施工图设计阶段应根据初步设计（或技术设计）批复意见、测设合同，进一步对所审定的修建原则、设计方案、技术决定加以具体和深化，最终确定各项工程数量，提出文字说明和适应施工需要的图表资料。

施工图设计文件的深度应满足以下要求：

（1）能据以编制施工图预算；

（2）能据以安排材料、设备订货和非标准设备的制作；

（3）能据以进行施工和安装；

（4）能据以进行工程验收。

引导问题 11

施工图设计审查申请的条件是什么？

 小提示

按照表 2-2 准备好相关材料，才可以进行施工图设计审查的报审。

施工图审查申请材料目录 表 2-2

材料名称	材料形式	必要性及描述
初步批复文件	纸质或电子	非必要
经办人员身份证	系统自动获取，如数据不全则需申请者提交	必要
授权委托书	纸质或电子	必要
建设项目立项批文	系统自动获取，如数据不全则需申请者提交	必要
建设单位营业执照	系统自动获取，如数据不全则需申请者提交	必要

 引导问题 12

全过程工程咨询单位在勘察设计咨询服务中的主要工作内容是什么？

 小提示

勘察设计咨询服务的主要工作内容包括项目勘察设计策划、勘察设计管理、工程勘察、工程设计、造价管控等。

2.5 能力训练

（1）任务下达

根据指导老师确定的工程项目、模仿案例，编审项目勘察相关文件并报审；进行初步设计，收集初步设计所需的资料并报审；进行施工图设计，收集施工图设计所需的资料并报审。

（2）步骤交底

第一步，勘察成果编审和报送。

勘察设计和报审
能力训练

本案例中，××安居房开发有限公司通过公开招标确定了勘察单位，如图 2-1 所示，并与该勘察单位签订了勘察合同，如图 2-2 所示。勘察单位在满足勘察任务书的委托要求及合同约定的基础上，进行实地勘察工作，完成了勘察成果文件，如图 2-3 所示。

中标结果公告

根据工程招标投标有关法律、法规、规章的规定和该工程招标文件规定，_____某地块保障性安居工程（勘察）(项目名称)的中标候选人公示已经结束，中标人已经确定。

现将中标结果公告如下：

1. 中标人：_____勘察设计院有限公司
2. 中标内容：本次招标范围包括：地质勘探、土工试验，取样与试验等详细勘察，并提供地质水文勘探报告。共布置钻孔53个，平均深度75m，总钻孔深度3975m (孔数和孔深为暂定，结算按实际发生的孔数和孔深计算)。
3. 中标价：437250元
4. 中标工期：符合招标文件要求
5. 质量标准：合格
6. 项目负责人：

注：中标通知书随本公告同时发出。

招标人或其招标代理机构（盖章）：
招标人或其招标代理机构主要负责人（项目负责人）：（签名）
年××月××日

图 2-1　勘察单位中标通知书

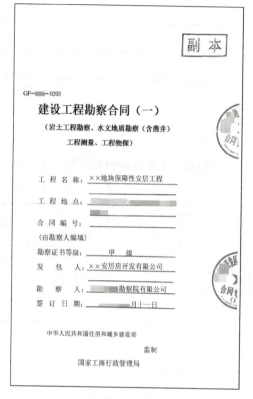

副本

GF-■■-0203

建设工程勘察合同（一）

（岩土工程勘察、水文地质勘察（含凿井）
工程测量、工程物探）

工程名称：　××地块保障性安居工程

工程地点：

合同编号：
（由勘察人编填）

勘察证书等级：　甲级

发包人：　××安居房开发有限公司

勘察人：　_____勘察院有限公司

签订日期：　_____月十一日

中华人民共和国住房和城乡建设部
监制
国家工商行政管理局

图 2-2　建设工程勘察合同

××地块保障性安居工程

岩 土 工 程 详 细 勘 察 报 告

××工程勘察院有限公司
××年××月

图 2-3　勘察成果文件（部分摘录）（一）

工程编号
××-××××

××地块保障性安居工程

岩 土 工 程 详 细 勘 察 报 告

工程负责：××

现场记录：××

编写：××

校对：××

审核：××

审定：××

总工程师：××

院长：××

勘察单位：××工程勘察院有限公司

勘察证书：××××××-kj

联系电话：×××-××××××

提交日期：××年××月××日

图 2-3　勘察成果文件（部分摘录）（二）

目录

图 2-3　勘察成果文件（部分摘录）（三）

温州市房屋建筑工程勘察文件

审 查 合 格 书

编号：

工程名称：温州市□□□□□□□□□□□地块保障性安居工程
建设单位：温州□□安居房开发有限公司
勘察单位：温州□□工程勘察院有限公司

根据《建设工程质量管理条例》《建设工程勘察设计管理条例》《房屋建筑和市政基础设施工程施工图设计文件审查管理办法》等法规规章规定，本工程勘察文件经审查合格。

审查人员签字：＿＿＿＿＿＿＿＿＿＿＿＿＿＿＿

＿＿＿＿＿＿＿＿＿＿

法人代表签发：
审查机构（公章）：
ＸＸ年6月18日

注：审查人员名单（专业）：ＸＸ（勘察）。

图 2-4　勘察文件审查合格书

勘察成果文件在报送前，勘察单位应编制勘察成果文件核对表，见表 2-3。对勘察文件进行内审，将审查合格的勘察成果文件，如图 2-4 所示，再报送给ＸＸ安居房开发有限公司（即建设单位）。

某地块保障性安居工程项目勘察成果文件核对表　　　　表 2-3

序号	核查内容	是否满足（满足打"√"，不满足打"×"）
1	是否满足勘察任务书委托要求及合同约定	√
2	是否满足勘察文件编制深度规定的要求	√
3	勘察成果的真实性、准确性	√
4	勘察文件资料是否齐全	√
5	勘察文件资料有无按照规定要求进行签字、审核和审批	√
6	工程概述是否表述清晰，有无遗漏	√
7	是否满足设计需求	√
8	签章	

第二步，初步设计、核对、报审。

本案例中，通过公开招标确定了设计单位，如图 2-5 所示，并与该设计单位签订了设计合同，如图 2-6 所示。

设计单位在满足设计任务书的委托要求及合同约定的基础上，完成了初步设计，如图 2-7所示。在报审前，该设计单位应编制初步设计的要件核对表，见表 2-4。对初步设计进行核对，将核对无误的初步设计再进行报审。

温州市建设工程设计
中标通知书

温州市建设设计研究院有限公司：

根据温州住宅区 D-15 地块安置房工程设计招标文件和你单位于
2011 年 12 月 28 日提交的投标文件，经评标委员会评审，现确定你
单位为本招标项目的中标人，主要中标情况如下：

工程项目名称	温州住宅区 D-15 地块安置房工程设计
建设地点	温州住宅区 D-15 地块
中标工程特征	建筑面积 44595.7 m²（包括地下建筑面积 8143.35 m²），地下1层，地上最高 18 层，主要采用剪力墙结构。工程造价估算：14555 万元。
工作内容及期限	按招标文件规定执行。
中标情况	主要设计人员： 项目负责人：周云生，其他人员详见投标文件中的方案编制人员名单、施工图设计和施工期间配合服务人员一览表。 设计费标准：按招标文件规定执行。 质量目标：按国家和省、市二级的有关规定组织评定。
备 注	本中标通知书未尽事宜详见招标文件和投标文件。

招标人：（盖章）　　　招标代理机构：（盖章）

法定代表人或其委托代理人：　　法定代表人及项目负责人：

（签字或盖章）　　　（签字或盖章）

2012年1月6日　　　　　2012年1月6日

报：温州市建设工程招标投标监理处

图 2-5　设计单位中标通知书

GF—2015—0209

合同编号：＿＿＿＿＿

建设工程设计合同示范文本
（房屋建筑工程）

住房和城乡建设部
国家工商行政管理总局　　制定

图 2-6　建设工程设计合同

×× 地块保障性安居工程

初 步 设 计

×× 建筑设计研究院有限公司
×× 年 ×× 月

图 2-7　初步设计（部分摘录）（一）

目 录

图 2-7　初步设计（部分摘录）（二）

某地块保障性安居工程项目初步设计的要件核对表 表 2-4

序号	内容	是否符合（符合打"√"，不符合打"×"）
1	是否符合已审定的设计方案	√
2	是否能据以确定土地征用范围	√
3	是否能据以准备主要设备及材料	√
4	是否提供工程设计概算	√
5	是否能据以进行施工图设计	√
6	是否能据以进行施工准备	√
7	是否满足相应的文件规定	√
8	签章	√

编制初步设计报审材料自查表（表 2-5），填写初步设计申请，并收集附件（即项目申请书、初步设计文本〈报批稿〉、建设项目用地预审与选址意见书、设计合同，通过招投标的应提供中标通知书、地质勘察资料，涉及海域、河道、岸线等使用的提供相应的审批意见等）向××住房和城乡建设局申报。

初步设计报审材料自查表 表 2-5

序号	材料名称	自查结果（有打"√"，无打"×"）
1	项目申请书	√
2	初步设计文本（报批稿）	√
3	建设项目用地预审与选址意见书	√
4	勘察、设计合同，通过招投标的应提供中标通知书	√
5	地质勘察资料	√
6	涉及海域、河道、岸线等使用的提供相应的审批意见	√

××住房和城乡建设局接到初步设计申请及附件资料后，在法定期限 20 工作日内进行办结，给出初步设计批复文件，如图 2-8 所示。

第三步，施工图设计、核对、报审。

在初步设计的基础上，该设计单位完成了施工图设计，如图 2-9 所示。在施工图设计报审前，该设计单位应编制施工图设计的要件核对表（表 2-6），对施工图设计进行核对，将核对无误的施工图设计提交图审单位进行图审，并按照图审意见进行整改完善，达到要求并获取图审合格书，如图 2-10 所示。

获取图审合格书后，设计单位编制施工图设计报审材料自查表，见表 2-7，填写施工图设计申请及附件（初步批复文件、经办人员身份证、授权委托书、建设项目立项批文、建设单位营业执照等）向××住房和城乡建设局申报施工图审查备案。××住房和城乡建设局接到施工图设计申请报告及附件资料后，在法定期限 20 个工作日内进行办结，准予施工图设计备案，如图 2-11 所示。

市住房和城乡建设委员会文件

■住建发〔■■〕21号

市住建委

关于■■■■■■■■■■■
地块保障性安居工程初步设计的批复

■■市安居房开发有限公司：

你单位申报的■■■■■■■■■中■■■■地块保障性安居工程初步设计审批材料收悉。依据相关政策、法规、规范以及市发改委文件（■发改审〔■〕99号）和■■市规划局规划条件通知书（〔■■〕规划条件04073号），我委组织市有关部门及单位的工程技术人员对■■市建筑设计研究院有限公司编制的13-80号初步设计文件进行了审查，会后设计单位根据联审会议意见■建纪要〔■■〕20号）作了修改，现对■■年12月修改的初步设计文件批复如下：

1、根据节能评估和审查意见完善建筑节能设计。

2、沿街建筑长度大于80m，需设置连通小区内外的人行通道。

3、幼儿园食堂餐饮废水需经隔油池处理。

4、室外各类管线布置走向应合理安排，根据各自需要达到埋深要求，做好保护措施。

5、景观设计以植物造景为主，优先选用乡土树种，地面停车场地应按生态停车场要求设计建设。

七、请根据此批复修改后进入施工图设计阶段，施工图设计文件应包括总图、建筑、结构、给排水、强弱电、暖通、燃气、景观、装修等内容，完整的设计文件经施工图审查机构审查合格后报我委确认备案。

附件：总概算表（审查）

■■市住房和城乡建设委员会
■■年1月21日

抄送：市审批中心、市发改委、市财政局、市国土资源局、市规划局、市审计局、市经信委、市环保局、市公安局、市公安消防局、市气象局、市文广新局、市人防办、市交警支队、市电力局、市水务集团公司、中国电信■■分公司、■■■■建筑设计研究院有限公司

■■■住房和城乡建设委员会办公室　　　■■■年1月21日印发
4

图2-8　初步设计批复文件（部分摘录）（一）　　　图2-8　初步设计批复文件（部分摘录）（二）

××地块保障性安居工程

施 工 图

××建筑设计研究院有限公司
××年××月

图2-9　施工图设计（部分摘录）（一）

目　录

图2-9　施工图设计（部分摘录）（二）

某地块保障性安居工程施工图设计的要件核对表　　　　表 2-6

序号	核对内容		是否完整（完整打"√"，不完整打"×"）
1	总体审核	施工图纸的完整性及各级的签字盖章	√
2		工艺和总图布置的合理和项目是否齐全，有无遗漏项	√
3		总图在平面和空间布置上是否有交叉和工艺流程及装置、设备是否满足现行标准、规程、规范等要求	√
4	设计总说明审查	所采用设计依据、参数、标准是否满足质量要求	√
5		各项工程做法是否合理	√
6		选用设备、材料等是否先进、合理	√
7	施工设计图审查	施工图是否符合现行标准、规程、规范等要求	√
8		设计图纸是否符合现场和施工的实际条件，深度是否达到施工和安装的要求，是否达到工程质量的标准	√
9		选型、选材、造型、尺寸节点等设计图纸是否满足质量要求	√
10	施工图预算和总投资预算审查	预算编制是否符合预算编制要求	√
11		工程量计算是否正确	√
12		定额标准是否合理	√
13		各项收费是否符合规定	√
14		总投资预算是否在总概算控制范围内	√
15	其他要求审查	是否符合勘察提供的建设条件	√
16		是否满足环境保护措施	√
17		是否满足施工安全、卫生、劳动保护的要求	√

施工图设计报审材料自查表　　　　表 2-7

序号	材料名称	自查结果（有打"√"，无打"×"）
1	初步批复文件	√
2	经办人员身份证	√
3	授权委托书	√
4	建设项目立项批文	√
5	建设单位营业执照	√

（3）工作实施

根据老师指定的项目情况，参照步骤交底，按照工作用表表 2-8、表 2-9，编制项目勘察成果文件核对表，进行勘察相关文件的审核和报送；编制项目初步设计的要件核对表，进行初步设计的审核；编制初步设计报审材料自查表，收集初步设计所需的资料并报审；编制项目施工图设计的要件核对表，进行施工图设计的审核；编制施工图设计报审材料自查表，收集施工图设计所需的资料并报审。

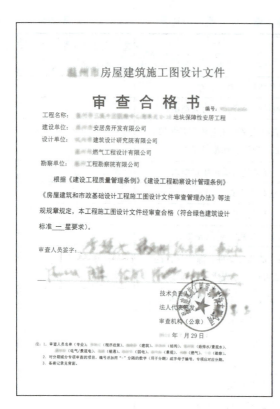

图 2-10　施工图设计审查合格书

图 2-11　施工图设计审查备案书

×× 文件要件核对表　　　　　　　　　　　　　　　　　　　表 2-8

序号	内容	是否符合 （符合打"√"，不符合打"×"）

×× 报审材料自查表　　　　　　　　　　　　　　　　　　　表 2-9

序号	材料名称	自查结果 （有打"√"，无打"×"）

2.6　评价反馈：相关表格详见课程学习导言。

学习情境3　项目施工监理和报送

3.1　学习情境描述

××安居房开发有限公司委托××工程咨询有限公司对某地块保障性安居工程项目施工进行监理。开工准备阶段，咨询单位编制了监理规划及相关监理实施细则；施工过程中发现质量、安全、进度等问题及时签发了监理通知，督促纠偏并复查。处理履约、变更、索赔事宜，对突出或重大事宜，编制了专题报告。对施工单位申报的"工程款支付申请"进行了审核，每月编制监理月报上报建设单位。定期召开例会，协调各方工作。竣工后完成工程质量评估报告，工程结算审核，保修期质量控制等；自始至终做好信息管理。

项目施工监理和报送学习情境描述

3.2　学习目标

能开展项目施工监理工作，能编制项目施工监理相关文件的核对表，收集、编制并核对项目施工监理相关文件，并能做好收发文记录。

备注：该专项咨询服务的其他知识和能力在相应课程中进行教学。

3.3　任务书

根据给定的工程项目，开展项目施工监理和相关报送工作。

3.4　工作准备

引导问题 1

什么是监理？它的作用是什么？成果是什么？

小提示

建设工程监理是指工程监理单位受建设单位委托，根据法律法规、工程建设标准、勘察设计文件及合同，在施工阶段对建设工程质量、造价、进度进行控制，对合同、信息进行管理，对工程建设相关方的关系进行协调，并履行建设工程安全生产管理法定职责的服务活动。

其主要作用是在建设单位委托授权范围内，通过合同管理和信息管理，以及协调工程建设相关方的关系，控制建设工程质量、造价和进度三大目标，即："三控两管一协调"。此外，还需履行建设工程安全生产管理的法定职责，这是《建设工程安全生产管理条例》赋予工程监理单位的社会责任。即："安全履责"。

目前，建设工程监理定位于工程施工阶段，工程监理单位受建设单位委托，按照建设工程监理合同约定，在工程勘察、设计、保修等阶段提供的服务活动均为相关服务。工程监理单位可以拓展自身的经营范围，为建设单位提供包括建设工程项目策划决策和建设实施全过程的项目管理服务。

建设工程监理的工作成果主要有监理规划、监理实施细则、监理月报、监理通知、工程暂停令、专题报告、工程款支付申请、工程质量评估报告和会议纪要等。

 引导问题 2

监理规划的内容是什么？

 小提示

监理规划是项目监理机构全面开展建设工程监理工作的指导性文件。应针对建设工程实际情况编制。可在签订建设工程监理合同及收到工程设计文件后由总监理工程师组织编制，签字后由工程监理单位技术负责人审批，并在第一次工地会议前报送建设单位。

监理规划应包含以下主要内容：

（1）工程概况（按合同、施工图及其他相关文件）；

（2）监理工作范围、内容、目标（按监理大纲、监理合同内容）；

（3）监理工作依据；

（4）监理组织形式、人员配备及进退场计划、监理人员岗位职责（与投标文件、合同一致）；

（5）工程重、难点及控制要点；

（6）工程质量控制；

（7）工程造价控制；

（8）工程进度控制；

（9）安全监理方案；

（10）合同与信息管理；

（11）组织协调；

（12）监理工作制度；

（13）监理工作设施；

（14）拟编制的监理实施细则。

 引导问题 3

监理实施细则的内容是什么？

_____

_____

_____

_____

 小提示

　　监理实施细则是在监理规划的基础上，当落实了各专业监理责任和工作内容后，由专业监理工程师针对工程具体情况制定出更具实施性和操作性的业务文件，其作用是具体指导监理业务的实施。

　　监理实施细则应在相应工程施工开始前编制完成。监理实施细则应由专业监理工程师编制，并必须经总监理工程师批准。在监理工作实施过程中，当监理实施细则根据实际情况进行补充、修改和完善后，仍须经按原审批程序总监理工程师批准。

　　《建设工程监理规范》GB/T 50319—2013 明确规定了监理实施细则应包含的内容，即：专业工程特点、监理工作流程、监理工作控制要点、监理工作方法及措施和工程重、难点及控制要点。

 **引导问题 4**

　　监理月报的内容是什么？

_____

_____

_____

_____

 小提示

　　监理月报是项目监理机构每月向建设单位提交的建设工程监理工作及建设工程实施情况等分析总结报告。监理月报是记录、分析总结项目监理机构监理工作及工程实施情况的文档资料，既能反映建设工程监理工作及建设工程实施情况，也能确保建设工程监理工作可追溯。

　　《建设工程监理规范》GB/T 50319—2013 中有关总监岗位职责中明确组织编写并签发监理月报，有关专业监理工程师岗位职责中明确负责本专业监理资料的收集、汇总及整理，参与编写监理月报。

　　监理月报应包括下列主要内容：

　　(1) 本月工程实施概况，包括：

　　1) 工程进展情况，实际进度与计划进度的比较，施工单位人、机、料进场及使用情况。

　　2) 工程质量情况，分项分部工程验收情况，材料、构配件、设备进场检验情况，主要施工试验情况，本期工程质量分析。

3）施工单位安全生产管理工作评述。

4）已完工程量与已付工程款的统计及说明。

（2）本月监理工作情况，包括：

1）工程进度控制方面的工作情况；

2）工程质量控制方面的工作情况；

3）安全监理方面的工作情况；

4）工程计量与工程款支付方面的工作情况；

5）合同其他事项的管理工作情况；

6）监理工作统计。

（3）本月工程实施的主要问题分析及处理情况，包括：

1）工程进度控制方面的主要问题分析及处理情况；

2）工程质量控制方面的主要问题分析及处理情况；

3）施工单位安全生产管理方面的主要问题分析及处理情况；

4）工程计量与工程款支付方面的主要问题分析及处理情况；

5）合同其他事项管理方面的主要问题分析及处理情况。

（4）下月监理工作重点，包括：

1）在工程管理方面的监理工作重点；

2）在项目监理机构内部管理方面的工作重点；

3）有关工程的建议。

（5）工程相关照片

1）本期在施工部位的工程照片；

2）本期监理工作照片。

 引导问题 5

监理通知的内容是什么？

 小提示

监理通知是指监理工程师在检查承包单位在施工过程中发现的问题后，用通知单这一书面形式通知承包单位并要求其进行整改，整改后再报监理工程师复查。

监理通知单是监理工程师在工程建设过程中向承包单位签发的指令性文件。目的是督促承包单位按照国家有关法律法规、合同约定、施工规范和设计文件进行工程施工，保证工程建设中出现的问题（不符合设计要求、施工技术标准、合同约定等）能得到及时纠正。

监理通知的办理必须及时、准确，通知内容完整，技术用语规范，文字简练明了；监理通知项目监理机构须加盖公章或项目监理部的章和总监理工程师或专业监理工程师签字，不得代签和加盖印章，不签字无效；监理通知需附图时，附图应简单易懂，且能反映附图的内容；责任制签章齐全为符合要求，否则为不符合要求。

 引导问题 6

工程暂停令的内容是什么？

 小提示

工程暂停令是指施工过程中某一个（或几个）部位工程质量或安全不符合标准要求，需要返工或进行其他处理时需暂时停止施工，由监理单位下发的指令性文件。

一般情况下需事先征得建设方同意，紧急情况下未能事先报告的，事后要及时报告。

下发工程暂停令的要求：

（1）工程暂停指令办理必须及时、准确，通知内容完整，技术用语规范，文字简练明了。

（2）工程暂停指令项目监理机构必须加盖公章和总监理工程师签字，不得代签和加盖印章，不签字无效。

（3）因试验报告单不符合要求，下达停工指令时，应注意在"指令"中说明实验编号，以备核对。

（4）责任制签章齐全为符合要求，否则为不符合要求。

 引导问题 7

专题报告的内容是什么？

 小提示

专题报告主要是指监理单位在工程中针对某具体问题、事项向建设方做出的专项咨询意见或建议报告。

引导问题 8

工程款支付申请的内容是什么？

小提示

　　工程款支付申请是施工单位根据项目监理机构对施工单位自验合格后且经项目监理机构验收合格经工程量计算应收工程款的申请书。《工程款支付申请表》是施工单位完成工程量后按照合同要求用于申报工程款的。

　　申报填写栏应明确本次申报工程款内容或完成形象部位，支付依据、申报金额并附上相关工程量清单、计算方法。

　　按建设工程施工合同规定日期和方式，由施工单位上报《工程款支付申请表》及有关材料；专业监理工程师根据施工合同审要求，对合格的工程进行计量并审核施工单位上报的工程量和工程款。监理工程师审核后填写《工程款支付证书》，并附上经审核的有关工程量、工程款的资料报总监审查，总监签署《工程款支付证书》后上报建设单位。

引导问题 9

工程质量评估报告的内容是什么？

小提示

　　单位工程质量评估报告是一项重要的监理工作内容，也是竣工报验资料的重要组成部分。

　　工程质量评估报告应包括下列主要内容：

　　（1）工程概况、工程各参建单位；

　　（2）工程施工过程介绍；

　　（3）工程质量验收情况；

　　（4）质量控制资料核查情况；

（5）工程质量事故及其处理情况；

（6）工程质量评估结论。

由总监理工程师组织专业监理工程师编制，完成后由总监理工程师及监理单位技术负责人审核签认，加盖监理单位公章后报建设单位。

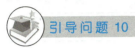
引导问题 10

会议纪要的内容是什么？

_____
_____
_____
_____

小提示

会议纪要是指施工监理过程中，根据项目监理机构主持的会议记录整理，并经有关各方签字认可的文件。

会议纪要不但反映会议内容，而且反映记录人的文字组织水平。抓住重点、纲领明确、表达清楚、文笔流畅、用词准确的会议纪要，是一个人尤其是从事管理工作的监理人综合水平的具体表现。

施工监理过程中的会议纪要有第一次工地会议、监理例会和专题会议等。

引导问题 11

建设工程监理的方法是什么？

_____
_____
_____
_____

小提示

项目监理机构通常采用巡视、平行检验、旁站、见证取样、审核施工单位相关报审等方式对建设工程质量、造价、进度进行控制，履行建设工程安全生产管理法定职责；对违约、索赔、变更等事实进行鉴别，并利用工程联系单、索赔意向通知单固定事实，审核施工单位相关报审材料，用合同管理汇总表进行记录，为合同纠纷的协商、仲裁、诉讼提供必要的证据；通过日常沟通、会议、信息平台等手段对工程建设相关方的关系进行协调，并进行信息管理，做好收发文记录及文件归档。

 引导问题 12

建设工程监理的措施是什么？

 小提示

（1）根据措施实施内容不同，可将监理工作措施分为技术措施、经济措施、组织措施和合同措施。

（2）根据措施实施时间不同，可将监理工作措施分为事前控制措施、事中控制措施及事后控制措施。

 引导问题 13

全过程工程咨询单位在项目施工监理咨询服务中的主要工作内容是什么？

 小提示

项目施工监理咨询服务的主要工作内容包括：全过程工程咨询单位对项目建设监理方的实施阶段和环节的组织制度、管理目标、运行程序、责任制度、管理任务、管理绩效等进行指导、监督、检查、服务和考核管理。

3.5 能力训练

（1）任务下达

根据指导老师确定的工程项目，模仿案例，开展项目施工监理工作，编制该项目的"监理规划""监理细则""监理工作月报""监理工程师通知单和回复""停复工报告""专题报告""工程款申请表""工程质量评估报告"和"会议纪要"等文件的核对表，进行上述文件的收集、编制并核对，符合要求后报送建设单位，并办理这些资料的收发文记录。

项目施工监理和报送能力训练

（2）步骤交底

第一步，开工准备规划细则编审。

案例中，××安居房开发有限公司委托××工程咨询有限公司对某地块保障性安居工程项目施工进行监理。开工准备阶段，咨询单位编制了监理规划，如图 3-1 所示。相关核对人编制监理规划要件核对表（表 3-1），逐项核对监理规划的要件，检查监理规划的编制人是否由总监理工程师签字，审批人是否由工程监理单位技术负责人签字。

某地块保障性安居工程

监理规划

编制人：×× 　日期：××年××月××日

审核人：×× 　日期：××年××月××日

××工程咨询有限公司

图 3-1　监理规划（部分摘录）（一）

目 录

图 3-1　监理规划（部分摘录）（二）

监理规划要件核对表　　　　　　　　　　　　表 3-1

序号	核对内容	核对结论（有√，无×）
1	工程概况（按合同、施工图及其他相关文件）	√
2	监理工作范围、内容、目标（按监理大纲、监理合同内容）	√
3	监理工作依据	√
4	监理组织形式、人员配备及进退场计划、监理人员岗位职责（与投标文件、合同一致）	√
5	工程重、难点及控制要点	√
6	工程质量控制	√
7	工程造价控制	√
8	工程进度控制	√
9	安全监理方案	√

续表

序号	核对内容	核对结论（有√，无×）
10	合同与信息管理	√
11	组织协调	√
12	监理工作制度	√
13	监理工作设施	√
14	拟编制的监理实施细则	√
15	签章	√

开工准备阶段，咨询单位编制了监理细则，如图3-2所示。相关核对人编制监理实施细则要件核对表（表3-2），逐项核对监理实施细则的要件，检查监理实施细则是否在相应工程施工开始前编制完成。监理实施细则的编制人是否由专业监理工程师签字，审核人是否由总监理工程师签字。

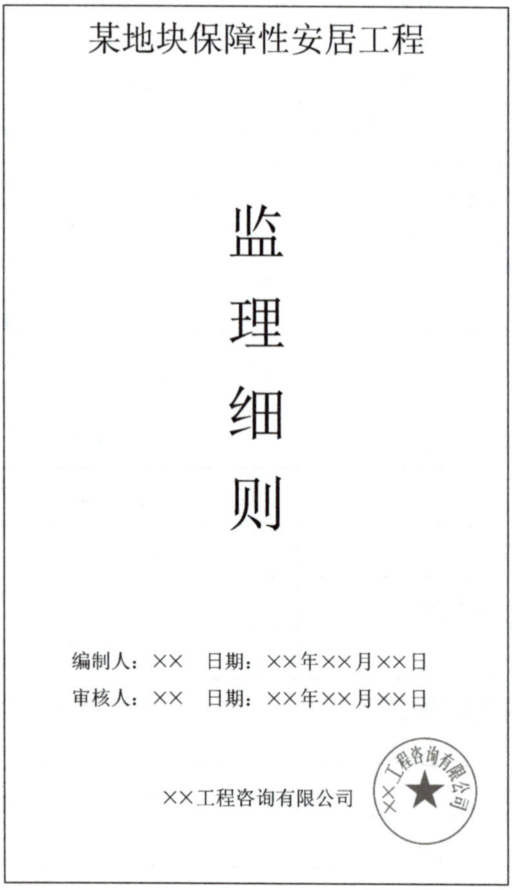

某地块保障性安居工程

监理细则

编制人：×× 日期：××年××月××日
审核人：×× 日期：××年××月××日

××工程咨询有限公司

目 录

1.专业工程特点 ……………………………
2.监理工作流程 ……………………………
3.监理工作控制要点 ………………………
4.监理工作方法及措施 ……………………

图 3-2 监理细则（部分摘录）（一）   图 3-2 监理细则（部分摘录）（二）

监理实施细则要件核对表　　　　　　　　　　　　　　表 3-2

序号	核对内容	核对结论（有✓，无✕）
1	专业工程特点	✓
2	监理工作流程	✓
3	监理工作控制要点	✓
4	监理工作方法及措施	✓
5	签章	✓

第二步，施工过程监理工作实施和文件编核。

施工过程每月需编制监理月报上报建设单位。专业监理工程师编制监理月报，如图 3-3 所示。相关核对人编制监理月报要件核对表（表 3-3），逐项核对监理月报的要件，检查监理月报有无总监理工程师的签字和单位盖章。

某地块保障性安居工程

建设监理工作月报

第 1 期

××年2月21日到××年3月20日

内容提要：

1. 本月工程基本情况
2. 本月工程质量、安全、进度、费用控制情况评述
3. 本月监理工作小结
4. 下月监理工作计划
5. 工程款支付与投资汇总

项目监理机构：××工程咨询有限公司
总监理工程师：××
日期：××年××月××日

目 录

1.本月工程实施概况……………………………………

2.本月监理工作情况……………………………………

3.本月工程实施的主要问题分析及处理情况……………

4.下月监理工作重点……………………………………

5.工程相关照片…………………………………………

图 3-3　监理月报（部分摘录）（一）　　　　　图 3-3　监理月报（部分摘录）（二）

监理月报要件核对表　　　　　　　　　　　　　　　表 3-3

序号	核对内容	核对结论（有✓，无✕）
1	本月工程实施概况	✓
2	本月监理工作情况	✓
3	本月工程实施的主要问题分析及处理情况	✓
4	下月监理工作重点	✓
5	工程相关照片	✓
6	签章	✓

施工过程中发现质量、安全、进度等问题及时签发了监理通知，督促纠偏并复查。监理工程师编制监理通知，相关核对人编制监理通知单要件核对表（表 3-4），逐项核对监

理通知单的要件，检查监理通知单上项目监理机构是否加盖公章，总监理工程师是否签字。通知单（图 3-4）、回复单（图 3-5）、签发记录（图 3-6）三者是否完整封闭等。

监理通知单要件核对表 **表 3-4**

序号	核对内容	核对结论（有√，无×）
1	签章完整	√
2	通知单、回复单、签发记录三者完整封闭	√
3	通知整改内容准确	√
4	整改复查意见明确	√

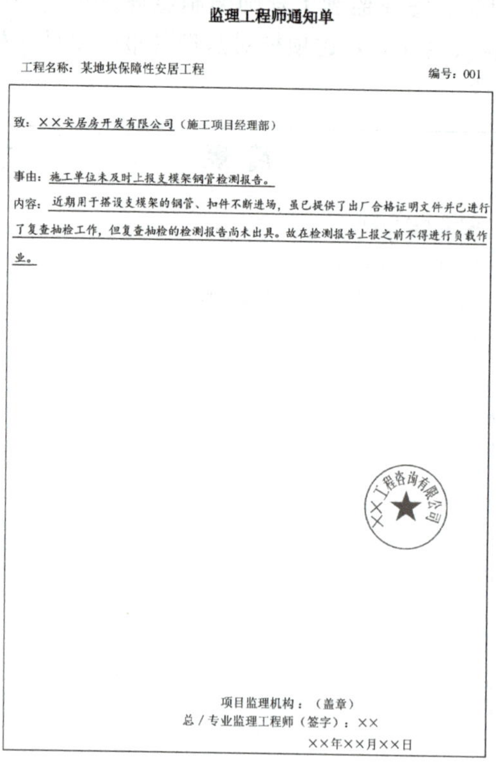
监理工程师通知单

工程名称：某地块保障性安居工程　　　　编号：001

致：××安居房开发有限公司（施工项目经理部）

事由：施工单位未及时上报支模架钢管检测报告。

内容：近期用于搭设支模架的钢管、扣件不断进场，虽已提供了出厂合格证明文件并已进行了复查抽检工作，但复查抽检的检测报告尚未出具。故在检测报告上报之前不得进行负载作业。

项目监理机构：（盖章）
总 / 专业监理工程师（签字）：××
××年××月××日

图 3-4　监理工程师通知单

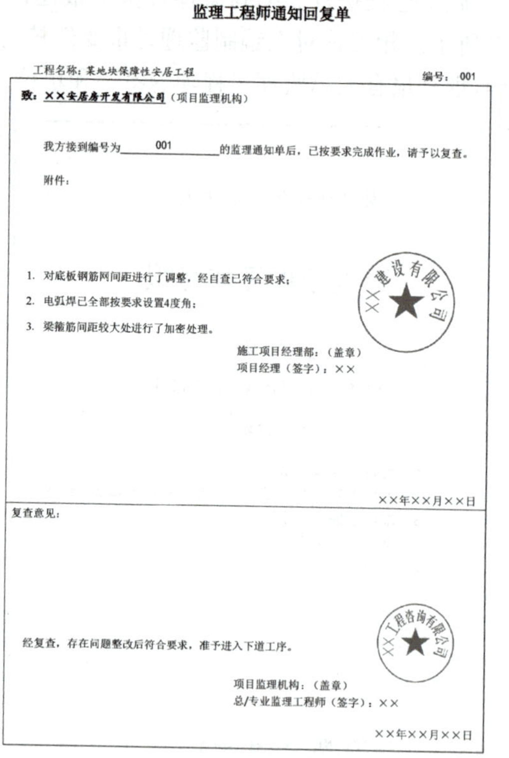
监理工程师通知回复单

工程名称：某地块保障性安居工程　　　　编号：001

致：××安居房开发有限公司（项目监理机构）

我方接到编号为 001 的监理通知单后，已按要求完成作业，请予以复查。

附件：

1. 对底板钢筋网间距进行了调整，经自查已符合要求；
2. 电弧焊已全部按要求设置4度角；
3. 梁箍筋间距较大处进行了加密处理。

施工项目经理部：（盖章）
项目经理（签字）：××
××年××月××日

复查意见：

经复查，存在问题整改后符合要求，准予进入下道工序。

项目监理机构：（盖章）
总/专业监理工程师（签字）：××
××年××月××日

图 3-5　监理工程师通知回复单

施工过程中某一个（或几个）部位工程质量不符合标准要求的质量水平，需要返工或进行其他处理时需暂时停止施工，由监理单位编制工程暂停令，如图 3-7 所示。相关核对人编制工程暂停令要件核对表（表 3-5），逐项核对工程暂停令的要件，检查工程暂停令总监理工程师是否签字，项目监理机构是否加盖公章。若因试验报告单等不符合要求，下达停工指令时，是否在“指令”中说明实验编号等相关资料编号。

工程暂停令要件核对表 **表 3-5**

序号	核对内容	核对结论（有√，无×）
1	是否及时、准确，内容是否完整，技术用语是否规范，文字是否简练明了	√
2	是否加盖公章和总监理工程师签字	√
3	若因试验报告单等不符合要求，下达停工指令时，是否在“指令”中说明试验编号等相关资料编号	×

××工程咨询有限公司

通知、指令、函件签发登记表

编号：

工程名称						某地块保障性安居工程	
序号	文件名称	编号	份数	签发人	发出时间	收件人	收件单位	说明
1	监理通知单	001	1	×××	×××	×××	××安居房开发有限公司	
						×××	××建设有限公司	
填表人	××		填表日期		××年××月××日		

图3-6 监理签发记录

工程暂停令

工程名称：	某地块保障性安居工程	编号：001

致：××安居房开发有限公司（施工项目经理部）

由于二层柱三层梁板混凝土试块报告不合格原因，现通知你于××年××月××日××时起，暂停二层柱三层梁板以上主体结构部位（工序）施工，并按下述要求做好后续工作。

要求：对二层柱三层梁板采取回弹等实体混凝土强度检测，若合格同意进行下道工序，否则要进行妥善处理，确保合格后方可施工。

项目监理机构：（盖章）

总监理工程师（签字、加盖执业印章）：××

××年××月××日

图3-7 工程暂停令

施工监理过程中，根据项目监理机构主持的会议编写会议纪要，如图3-8所示。相关核对人编制会议纪要要件核对表（表3-6），逐项核对会议纪要的要件，检查会议纪要上各参加单位是否形成会签（参加人员是否签字，各单位是否加盖公章）。

会议纪要要件核对表　　表3-6

序号	核对内容	核对结论（有√，无×）
1	会议内容是否齐全	√
2	是否真实	√
3	格式是否规范	√
4	编写是否及时	√
5	签章是否完整	√

第三步，竣工验收和资料归档。

竣工后，监理工程师完成了工程质量评估报告，如图3-9所示。相关核对人编制工程质量评估报告要件核对表（表3-7），逐项核对工程质量评估报告的要件，检查工程质量评估报告上总监理工程师和监理单位技术负责人是否签字，项目监理机构是否加盖公章。

在项目施工监理阶段，监理单位最终形成监理工作成果汇总表，见表3-8。依据表3-8的内容逐项核对并签字盖章。

××工程咨询有限公司

会 议 纪 要

编号：002

工程名称	某地块保障性安居工程	签发人	××
会议名称	第一次工地会议	地点	××会议室
主持人	××	时间	××年××月××日9：00
参加单位及人员	**参加单位**		**参加人员**
	××街道办事处		详见签到表
	××工程咨询有限公司		
	××建设有限公司		
	××市城乡规划设计研究院		

会议议程：

一、建设、施工、监理单位分别介绍自驻现场组织机构人员及其分工

二、建设单位根据委托合同宣布对总监理工程师的授权，建设单位宣布本工程全权托××监理有限公司监理，总监理工程师××全面负责本工程施工阶段的进度、质量、投资、安全监理工作

三、建设单位和总监理工程师对施工准备情况提出意见和要求

四、研究确定各方在施工过程中参加监理例会的主要人员

五、总监理工程师进行监理交底

六、研究确定召开例会周期、地点

七、研究确定召开例会的主要议题

（详见附件会议纪要）

附：会议签到单

注：对本纪要有异议的请即提出意见，若两日内无更正、补充要求的作为已接受本纪要内容。

图3-8 第一次工地会议纪要（一）

第一次工地会议纪要

本次会议为第一次监理例会，由建设单位代表××主持，会议主要内容如下：

一、建设、施工、监理单位分别介绍各自驻现场组织机构人员及其分工

1. 建设单位：××
   现场工程师：××
2. 监理单位：××
   总监：××
   水电安装监理：××
   土建监理：××
   安全监理：××
3. 施工单位：××
   项目经理：××
   现场技术负责：××
   质量员：××
   安全员：××
   施工员：××
   资料员：××
   材料员：××

二、建设单位根据委托监理合同宣布对总监理工程师的授权，建设单位宣布本工程全权委托××监理有限公司监理，总监理工程师××全面负责本工程施工阶段的进度、质量、投资、安全监理工作

三、建设单位和总监理工程师对施工准备情况提出意见和要求

1. 项目经理、现场技术负责、五大员开工前必须到位；
2. 项目部管理人员、特殊工种作业人员岗位证书尽快报监理审核；
3. 施工单位进场机械设备尽快报验；
4. 施工单位企业资质、中标通知书、施工合同尽快报监理；
5. 施工组织设计及临时用电、桩基施工、土方开挖、井点降水、活动房装拆、塔吊安拆、应急预案等专项施工方案尽快报验；
6. 进场施工材料、构配件尽快报验；
7. 桩基分包单位资质尽快报监理审核；
8. 施工进度计划及现场施工平面总平面图尽快报监理审核；
9. 开工前其他相关资料尽快报验；
10. 建设单位提出本工程工期较紧，要求施工单位合理安排工期，计划××年××月××日开工，争取春节前做地下室完成；
11. 建设单位提出基坑围护采用四周井点降水及中间一排井点降水的措施。

四、研究确定各方在施工过程中参加监理例会的主要人员

1. 建设单位：现场代表；
2. 现场全体监理人员；
3. 施工单位项目部主要管理人员及分包单位主要管理人员。

五、总监理工程师进行监理交底
详见监理交底记录。

六、研究确定召开例会周期、地点

1. 例会召开周期：二周一次
2. 时间为：星期一
3. 地点为：现场会议室

七、研究确定召开例会的主要议题

1. 检查上次会议议定事项的落实情况，分析未尽事项原因；
2. 检查分析工程进度计划完成情况，提出下一阶段进度目标及其落实措施；
3. 检查分析工程项目质量状况，针对存在的质量问题提出改进措施；
4. 检查工程量核定及工程款支付情况；
5. 解决需要协调的有关事项；
6. 安全生产、文明施工及其他有关事宜。

参加单位会签：

（建设单位签字盖章）：×××　　　　　　（施工单位签字盖章）：×××

（监理单位签字盖章）：×××

　　　　　　××年××月××日

图 3-8　第一次工地会议纪要（二）　　　　图 3-8　第一次工地会议纪要（三）

某地块保障性安居工程

质 量 评 估 报 告

××工程咨询有限公司

目　录

图 3-9　工程质量评估报告（一）　　　　图 3-9　工程质量评估报告（二）

工程质量评估报告要件核对表   表 3-7

序号	核对内容	核对结论（有√，无×）
1	工程概况	√
2	工程各参建单位	√
3	工程施工过程介绍	√
4	工程质量验收情况	√
5	质量控制资料核查情况	√
6	工程质量事故及其处理情况	×
7	工程质量评估结论	√
8	签章	√

监理工作成果汇总表   表 3-8

工程名称		某地块保障性安居工程		施工许可证号	×市施×××
建设单位		××安居房开发有限公司		项目负责人	×××
设计单位		××设计院		项目负责人	×××
监理单位		××工程咨询有限公司		总监理工程师	×××
施工单位	××建设有限公司	项目负责人	×××	项目技术负责人	×××

序号	文件名称	数量	核对人
1	勘察设计文件、建设工程监理合同及其他合同文件	×××	×××
2	监理规划、监理实施细则	×××	×××
3	设计交底和图纸会审会议纪要	×××	×××
4	施工组织设计、（专项）施工方案、施工进度计划报审文件资料	×××	×××
5	分包单位资格报审文件资料	×××	×××
6	施工控制测量成果报验文件资料	×××	×××
7	总监理工程师任命书，开工令、暂停令、复工令，工程开工或复工报审文件资料	×××	×××
8	工程材料、构配件、设备报验文件资料	×××	×××
9	见证取样和平行检验文件资料	×××	×××
10	工程质量检查报验资料及工程有关验收资料	×××	×××
11	工程变更、费用索赔及工程延期文件资料	×××	×××
12	工程计量、工程款支付文件资料	×××	×××
13	监理通知单、工作联系单与监理报告	×××	×××
14	第一次工地会议、监理例会、专题会议等会议纪要	×××	×××
15	监理月报、监理日志、旁站记录	×××	×××
16	工程质量或生产安全事故处理文件资料	×××	×××
17	工程质量评估报告及竣工验收监理文件资料	×××	×××
18	监理工作总结	×××	×××

检查结论：资料完整，符合要求。

总监理工程师：××
××年××月××日

（3）工作实施

根据指导老师指定项目情况，参照步骤交底，按照工作用表（表 3-9、表 3-10），编制该项目的"监理规划""监理细则""监理工作月报""监理工程师通知单和回复""停复工报告""专题报告""工程款申请表""工程质量评估报告"和"会议纪要"等文件的核对表，进行上述文件的收集、编制及核对，并办理这些资料的收发文记录。

各项文件要件核对表　　　　　　　　　　　　　　　表 3-9

序号	核对内容	核对结论（有√，无×）

监理工作成果汇总表　　　　　　　　　　　　　　　表 3-10

工程名称				施工许可证号	
建设单位				项目负责人	
设计单位				项目负责人	
监理单位				总监理工程师	
施工单位		项目负责人		项目技术负责人	

序号	文件名称	数量	核对人
1	勘察设计文件、建设工程监理合同及其他合同文件		
2	监理规划、监理实施细则		
3	设计交底和图纸会审会议纪要		
4	施工组织设计、（专项）施工方案、施工进度计划报审文件资料		
5	分包单位资格报审文件资料		
6	施工控制测量成果报验文件资料		
7	总监理工程师任命书，开工令、暂停令、复工令，工程开工或复工报审文件资料		
8	工程材料、构配件、设备报验文件资料		
9	见证取样和平行检验文件资料		
10	工程质量检查报验资料及工程有关验收资料		
11	工程变更、费用索赔及工程延期文件资料		
12	工程计量、工程款支付文件资料		
13	监理通知单、工作联系单与监理报告		
14	第一次工地会议、监理例会、专题会议等会议纪要		
15	监理月报、监理日志、旁站记录		
16	工程质量或生产安全事故处理文件资料		
17	工程质量评估报告及竣工验收监理文件资料		
18	监理工作总结		

检查结论：

总监理工程师：
××年××月××日

3.6 评价反馈：相关表格详见课程学习导言。

学习情境 4　招投标与造价咨询和报送

4.1　学习情境描述

招投标与造价
咨询和报送学习
情境描述

××工程咨询有限公司受××安居房开发有限公司委托，对某地块保障性安居工程项目建设中的标的进行采购策划，协助××安居房开发有限公司组织进行了招投标工作，签订了勘察、设计、施工、监理、设备等合同，在施工过程进行全程跟踪造价，发生了变更、询价、签证、工程进度款清单计价、工程款支付等，并最终完成结算审计报告。

4.2　学习目标

（1）能编制发包方式清单，确定投资限额；

（2）施工招标时，能收集并核对工程量清单编制依据，核对工程量清单成果文件并进行备案，核对招标文件并进行招标备案；

（3）能核对中标通知书，编制招投标情况书面报告备案表并进行备案；

（4）能收集并核对工程款支付文件；

（5）能收集并核对竣工结算报告。

备注：该专项咨询服务的其他知识和能力在相应课程中进行教学。

4.3　任务书

根据给定的工程项目，开展招投标、造价咨询和相关报送工作。

4.4　工作准备

　引导问题 1

什么是招标投标？它的作用是什么？成果是什么？

小提示

招标是指招标人事前公布工程、货物或服务等发包业务的相关条件和要求，通过发布广告或发出邀请函等形式，召集自愿参加竞争者投标，并根据事前规定的评选办法选定承包商的市场交易活动。在建筑工程施工招标中，招标人要对投标人的投标报价、施工方案、技术措施、人员素质、工程经验、财务状况及企业信誉等方面进行综合评价，择优选择承包商，并与之签订合同。

投标就是投标人根据招标文件的要求，提出完成发包业务的方法、措施和报价，竞争取得业务承包权的活动。

招投标的作用：

（1）有利于控制工程投资。历年的工程招投标证明，经过工程招投标的工程，最终造价可节省约 8%，这些费用的节省主要来自于施工技术的提高、施工组织的更加合理化。此外，能够减少交易费用，节省人力、物力、财力，从而使工程造价有所降低。

（2）有利于鼓励施工企业公平竞争，不断降低社会平均劳动消耗水平，使施工单位之间的竞争更加公开、公平、公正，对施工单位是一种冲击，又是一种激励，可促进企业加强内部管理，提高生产效率。

（3）有利于保证工程质量。已建工程是企业的业绩，以后不仅会对其资质的评估起到作用，而且会对其以后承接其他项目有至关重要的影响，因而企业会将工程质量放到重要位置。

（4）有利于形成由市场定价的价格体制，使工程造价更加趋于合理。

（5）有利于供求双方更好地相互选择，使工程造价更加符合价值基础。

（6）有利于规范价格行为，使公开、公平、公正的原则得以贯彻。

（7）有利于预防职务犯罪和商业犯罪。

招投标的成果是分析建设项目的复杂程度、项目所在地自然条件、潜在承包人情况等，并根据法律法规的规定、项目规模发包范围以及投资人的需求，确定是采用公开招标还是邀请招标，形成招标文件；投标单位响应招标文件编制投标文件进行投标，经过开标、评标、决标后确定中标人，发送中标通知书，并与之签订合同。

 引导问题 2

招标文件的内容是什么？

 小提示

招标文件的内容包括以下几个方面：

（1）招标公告；

（2）投标人须知；

（3）评标办法；

（4）合同条款及格式；

（5）工程量清单；

（6）图纸；

（7）技术标准和要求；

（8）投标文件格式。

以上内容是常见的施工招标文件的内容。如果是监理招标文件，需将工程量清单、图纸、技术标准和要求等内容换成与工程监理工作相关的标准和要求等。因此，不同的招标

内容，招标文件也略有不同。

引导问题 3

投标文件的内容是什么？

小提示

投标文件的内容包括以下几个方面：
（1）投标函及投标函附录；
（2）法人身份证明或有效的法人代表人的授权委托书；
（3）联合体投标协议书；
（4）投标保证金；
（5）报价表；
（6）技术标；
（7）项目管理机构；
（8）拟分包项目的情况表；
（9）对招标文件中的合同协议条款内容的确认和响应。

其中，商务标一般由投标函、报价表、法定代表人身份证明和投标保证金组成；资信标由投标企业情况一览表、拟派本项目负责人简历表、拟派本项目现场管理机构及主要人员一览表、企业类似业绩表、项目负责人类似业绩表、相关证书（营业执照、企业资质证书、项目负责人注册执业证书等）等组成；技术标是指施工组织设计（施工招标）或监理大纲（监理招标）或其他技术方案。

引导问题 4

中标通知书的内容是什么？

小提示

中标通知书指招标人在确定中标人后，向中标人发出通知，通知其中标的书面凭证。中标通知书的内容应当简明扼要，只要告知招标项目已经由其中标，并确定签订合同的时间、地点即可。

招标的方式是什么？

招标分为公开招标和邀请招标两种形式。

（1）公开招标

公开招标又称无限竞争招标，是由招标人以招标公告的方式邀请不特定的法人或者其他组织投标，并通过国家指定的报刊、广播、电视及信息网络等媒介发布招标公告，有意向的投标人接受资格预审、购买招标文件、参加投标的招标方式。

（2）邀请招标

邀请招标又称为有限竞争性招标，是指招标人以投标邀请书的方式邀请特定的法人或其他组织投标。这种方式不发布公告，招标人根据自己的经验和所掌握的各种信息资料，向具备承担该项工程的施工能力资信良好的 3 个及以上承包商发出投标邀请书，收到邀请书的单位参加投标。

招投标的条件是什么？

依据工程项目的具体招标范围和工程项目的规模标准判断是否需进行招投标。

（1）必须招标的工程项目的具体招标范围

1）关系社会公共利益、公众安全的基础设施项目

① 煤炭、石油、天然气、电力、新能源等能源项目；

② 铁路、公路、管道、水运、航空以及其他交通运输业等交通运输项目；

③ 邮政、电信枢纽、通信、信息网络等邮电通信项目；

④ 防洪、灌溉、排涝、引（供）水、滩涂治理、水土保持、水利枢纽等水利项目；

⑤ 道路、桥梁、地铁和轻轨交通、污水排放及处理、垃圾处理、地下管道、公共停车场等城市设施项目；

⑥ 生态环境保护项目；

⑦ 其他基础设施项目。

2) 关系社会公共利益、公众安全的公用事业项目

① 供水、供电、供气、供热等市政工程项目；

② 科技、教育、文化等项目；

③ 体育、旅游等项目；

④ 卫生、社会福利等项目；

⑤ 商品住宅，包括经济适用住房；

⑥ 其他公用事业项目。

3) 使用国有资金投资项目

① 使用各级财政预算资金的项目；

② 使用纳入财政管理的各种政府性专项建设基金的项目；

③ 使用国有企业事业单位自有资金，并且国有资产投资者实际拥有控制权的项目。

4) 国家融资项目

① 使用国家发行债券所筹资金的项目；

② 使用国家对外借款或者担保所筹资金的项目；

③ 使用国家政策性贷款的项目；

④ 国家授权投资主体融资的项目；

⑤ 国家特许的融资项目。

5) 使用国际组织或者外国政府资金的项目

① 使用世界银行、亚洲开发银行等国际组织贷款资金的项目；

② 使用外国政府及其机构贷款资金的项目；

③ 使用国际组织或者外国政府援助资金的项目。

(2) 必须招标的工程项目的规模标准

1) 施工单项合同估算价在 400 万元人民币以上的；

2) 重要设备、材料等货物的采购，单项合同估算价在 200 万元人民币以上的；

3) 勘察、设计、监理等服务的采购，单项合同估算价在 100 万元人民币以上的；

4) 其他规模标准应符合国家发展和改革委员会 2018 年 6 月发布的《必须招标的工程项目规定》。

(3) 可以不进行招标的工程项目

1) 建设项目的勘察、设计，采用特定专利或者专有技术的，或者其建筑艺术造型有特殊要求的，经项目主管部门批准，可以不进行招标。

2) 涉及国家安全、国际秘密、抢险救灾或者属于利用扶贫资金实行以工代赈、需要使用农民工等特殊情况，不适宜招标的项目，按国家有关规定可以不进行招标工作。

 引导问题 7

全过程工程咨询单位在招投标阶段的主要工作内容是什么?

 小提示

全过程工程咨询单位对项目进行招标策划。根据工程的勘察、设计、监理、施工以及与工程建设有关的重要设备(进口机电设备除外)、材料采购的费用投资估算或批准概算来进行招标策划,明确哪些须招标,哪些可不用招标,并编制相应的招标文件,通过一系列的招标活动完成对中标人的招标。

全过程工程咨询单位在招投标阶段的主要工作内容是指协助招标人进行招标、投标、开标、评标、定标、签订合同等工作或监督委托的招标代理机构应做的主要工作。

全过程工程咨询单位应根据项目具体情况选择合适的工程发包模式;准备好招标资料后应按国家有关招标投标和政府采购的相关法律法规和规定做好招标备案后,进行招标采购工作,组织评审小组,对投标人提交的投标文件进行评审和比较;完成评标后,应向投资人提出评标报告,并推荐合适的中标候选人;定标后,全过程工程咨询单位应到相关行政监督部门将定标结果进行备案并公示中标候选人;全过程工程咨询单位应协助投资人进行合同澄清、签订合同等工作。

 引导问题 8

什么是工程造价咨询服务?它的作用是什么?成果是什么?

 小提示

工程造价咨询服务是指工程造价咨询企业接受委托,对建设项目工程造价的确定与控制提供专业服务,出具工程造价成果文件的活动。

工程造价咨询服务的作用:

按照经济规律的要求,根据社会主义市场经济的发展形势,利用科学的管理方法和先进的管理手段,合理地确定造价和有效地控制造价,以提高投资效益和建筑安装企业经营效果。通过加强工程造价的全过程动态管理,强化工程造价的约束机制,维护有关各方的

经济利益，规范价格行为，促进微观效益和宏观效益的统一。

工程造价咨询服务根据建设程序的各阶段工程造价确定有不同的成果，如图 4-1 所示。

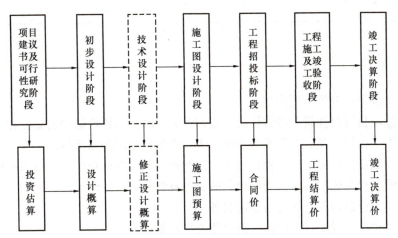

图 4-1 建设程序的各阶段工程造价确定示意图

注：图中虚线框表示根据项目实际情况可能发生，并非必然发生。

投资估算是在项目决策过程中，对拟建项目的建设规模、技术方案、设备方案、工程方案及项目实施进度等进行研究并基本确定的基础上，对建设项目投资数额（包括工程造价和流动资金）进行的估计。投资估算是项目投资决策的重要依据，对于制订融资方案、进行经济评价和进行方案选优起着重要的作用。当可行性研究报告被批准后，其投资估算额即作为设计任务书中下达的投资限额，即建设项目投资的最高限额，不得随意突破。投资估算是编制初步设计概算的依据，同时还对初步设计概算起控制作用，是项目投资控制的目标之一。

建设项目设计概算是初步设计文件的重要组成部分，它是在投资估算的控制下由设计单位根据初步设计或扩大初步设计的图纸及说明，利用国家或地区颁发的概算指标、概算定额或综合指标预算定额、设备材料预算价格等资料，按照设计要求，概略地计算建筑物或构筑物造价的文件。

施工图预算是在施工图设计完成后工程开工前，根据已批准的施工图纸、现行的预算定额、费用定额和地区人工、材料、设备与机械台班等资源价格，在施工方案或施工组织设计已大致确定的前提下，按照规定的计算程序计算直接工程费、措施费，并计取间接费、利润、税金等费用，确定单位工程造价的技术经济文件。

工程竣工结算是指施工企业按照合同规定的内容全部完成所承包的工程，经验收质量合格，并符合合同要求之后，向发包单位进行的最终工程价款结算。

竣工决算是建设工程经济效益的全面反映，是以实物量和货币指标为计量单位，综合反映竣工项目从筹建开始到项目竣工交付使用为止的全部建设费用、建设成果和财务情况的总结性文件，是竣工验收报告的重要组成部分。

 引导问题 9

工程造价咨询服务的内容是什么？工程造价咨询服务的范围是什么？

小提示

工程造价咨询服务的主要内容：

（1）建设项目可行性研究经济评价、投资估算、项目后评价报告的编制和审核；

（2）建设工程概、预、结算及竣工结（决）算报告的编制和审核；

（3）建设项目招投标阶段工程量清单、招标控制价、投标报价的编制和审核；

（4）建设工程实施阶段施工合同价款的变更及索赔费用的计算；

（5）提供工程造价经济纠纷的鉴定服务；

（6）提供建设工程项目全过程的造价监控与服务；

（7）提供工程造价信息服务等。

工程造价咨询服务的范围：

（1）建设项目建议书及可行性研究投资估算、项目经济评价报告的编制和审核；

（2）建设项目概预算的编制与审核，并配合设计方案比选、优化设计、限额设计等工作进行工程造价分析与控制；

（3）建设项目合同价款的确定（包括招标工程量清单和招标控制价、投标报价的编制和审核）；合同价款的签订与调整（包括工程变更、工程洽商和索赔费用的计算）及工程款支付，工程结算及竣工结（决）算报告的编制与审核等；

（4）工程造价经济纠纷的鉴定和仲裁的咨询；

（5）提供工程造价信息服务等。

工程造价咨询企业可以对建设项目的组织实施进行全过程或者若干阶段的管理和服务。

引导问题 10

工程造价咨询服务的方法是什么？

小提示

工程造价咨询服务的方法主要有定额计价模式和工程量清单计价模式。

定额计价模式是我国传统的计价模式，在整个计价过程中，计价依据是固定的，法定的"定额"指令性过强，不利于竞争机制的发挥。而工程量清单计价是我国现行的工程造价计价方法，是在招标投标报价中与国际通行惯例接轨所采取的计价模式，与定额计价模式截然不同。该模式主要由市场定价，由建设市场的建设产品买卖双方根据供求状况、信息状况自由竞价，签订工程合同价格的方法。我国现阶段是定额计价模式向清单计价模式转变的一个过渡时期，两种计价模式并存。

 引导问题 11

什么是工程量清单？工程量清单的审核内容是什么？

 小提示

　　工程量清单是指根据《建设工程工程量清单计价规范》GB 50500—2013 的规定，计算出各分部分项工程量，套用其相应分部分项工程综合单价，再计算措施费、规费、税金等费用，得出工程造价。

　　工程量清单的审核可以分为对编审程序和资格的审核、工程量清单总说明的审核、分部分项工程量清单的审核、措施项目清单的审核、其他项目清单的审核、规费税金项目清单的审核及补充工程量清单项目的审核。

 引导问题 12

竣工结算审核报告的内容是什么？

 小提示

　　竣工结算审核报告的内容包括工程概况、审核依据、审核实施情况、审核结论、审核增减说明等。

 引导问题 13

全过程工程咨询单位在工程造价咨询服务中的主要工作内容是什么？

 **小提示**

全过程工程咨询单位在施工阶段的投资管理主要体现在资金使用计划的管理、工程计量与工程价款的支付管理、工程变更及现场签证的管理、索赔费用的管理。其中，工程计量及工程价款的支付管理包括工程计量与工程价款支付中对工程计量与工程价款的审核；工程变更及现场签证的管理包括工程变更管理、现场工程签证管理。

本阶段全过程工程咨询单位负责项目投资管理的决策，确定项目投资控制的重点难点，确定项目投资控制目标，并对项目的专业造价工程师的工作进行过程和结果的考核。

（1）编制资金使用计划，确定、分解投资控制目标、对工程项目造价目标进行风险分析，并制订防范性对策；

（2）进行工程计量；

（3）复核工程付款账单，签发付款证书；

（4）在施工过程中进行投资跟踪控制，定期进行投资实际支出值与计划目标值的比较，发现偏差，分析产生偏差的原因，采取纠偏措施；

（5）协商确定工程变更的价款，审核竣工结算；

（6）对工程施工过程中的投资支出作好分析与预测，经常或定期向投资人提交项目投资控制及其存在问题的报告。

4.5 能力训练

（1）任务下达

招投标与造价咨询和报送能力训练

根据指导老师确定的工程项目，模仿案例，编制发包方式清单，确定投资限额；施工招标时，编审招标控制价，编审招标文件（含工程量清单）并进行招标备案；组织招标、开标、评标、定标；编审中标通知书，编制招投标情况书面报告备案表并进行备案；协助建设单位签订建设发包合同并进行备案；编审工程款支付文件；收集并核对竣工结算审核依据，编审竣工结算报告等。

（2）步骤交底

第一步，投资控制策划，编制发包方式清单，确定投资限额。

案例中，××工程咨询有限公司受××安居房开发有限公司委托，对某地块保障性安居工程项目建设中的标的进行采购策划。依据上述案例背景，编写发包方式清单（表4-1），并确定投资限额。

发包方式清单 表4-1

序号	发包内容	发包方式	起止时间	工期	质量要求	投资限额（概算额）
1	勘察	公开招标	×××	×××	×××	×××
2	设计	公开招标	×××	×××	×××	×××
3	监理	公开招标	×××	×××	×××	×××
4	造价	公开招标	×××	×××	×××	×××
5	全过程咨询服务	公开招标	×××	×××	×××	×××
6	建安施工	公开招标	×××	×××	×××	×××
7	电梯	公开招标	×××	×××	×××	×××
8	变配电	公开招标	×××	×××	×××	×××
9	市政园林	公开招标	×××	×××	×××	×××

第二步，协助采购和合同签订。

案例中，××工程咨询有限公司协助××安居房开发有限公司组织进行了招投标工作。施工招标时，编审招标控制价，如图 4-2 招标控制价封面和图 4-3 招标控制价扉页所示。编审招标文件，如图 4-4 所示。招标文件中含工程量清单，如图 4-5、图 4-6、图 4-7 所示。编制招标文件要件核对表（表 4-2），逐项核对招标文件的内容、签章，编制工程量清单要件核对表（表 4-3）。对工程量清单的内容、编审程序和资格进行核对，符合要求报招投标监督管理机构备案；组织招标、开标、评标、定标，并编制中标通知书，如图 4-8 所示。编制中标通知书要件核对表，见表 4-4。逐项核对中标通知书的内容和签章是否完整，编制招投标情况书面报告备案表，如图 4-9 所示，到××地方住房和城乡建设局备案；协助建设单位签订建设发包合同并进行合同备案。

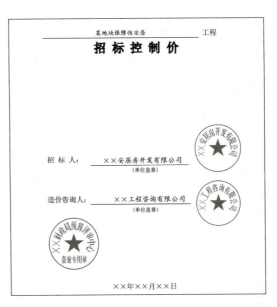

图 4-2　招标控制价封面

图 4-3　招标控制价扉页

图 4-4　招标文件（部分摘录）（一）

目 录

图 4-4 招标文件（部分摘录）（二）

某地块保障性安居　　　　工程

招标工程量清单

招标人：　　××安居房地产开发有限公司
　　　　　　　　（单位盖章）

造价咨询人：　　××工程咨询有限公司
　　　　　　　　（单位盖章）

××年××月××日

图 4-5 招标工程量清单封面

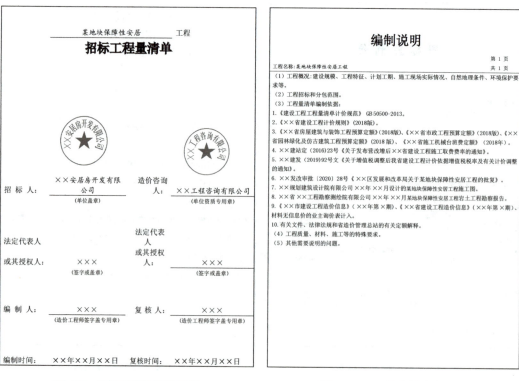

某地块保障性安居　　　　工程

招标工程量清单

招标人：	××安居房地产开发有限公司（单位盖章）	造价咨询人：	××工程咨询有限公司（单位资质专用章）
法定代表人或其授权人：	×××（签字或盖章）	法定代表人或其授权人：	×××（签字或盖章）
编制人：	×××（造价工程师签字盖专用章）	复核人：	×××（造价工程师签字盖专用章）
编制时间：	××年××月××日	复核时间：	××年××月××日

图 4-6 招标工程量清单扉页

编制说明

第 1 页
共 1 页

工程名称：某地块保障性安居工程

（1）工程概况：建设规模、工程特征、计划工期、施工现场实际情况、自然地理条件、环境保护要求等。
（2）工程招标和分包范围。
（3）工程量清单编制依据：
1.《建设工程工程量清单计价规范》GB 50500-2013。
2.《××省建设工程计价规则》（2018版）。
3.《××省房屋建筑与装饰工程预算定额》（2018版）、《××省市政工程预算定额》（2018版）、《××省园林绿化及仿古建筑工程预算定额》（2018版）、《××省施工机械台班费定额》（2018年）。
4.××建站定（2016)23号《关于发布营改增后××省建设工程施工取费费率的通知》。
5.××建发（2019)92号文《关于增值税调整后我省建设工程计价依据增值税税率及有关计价调整的通知》。
6.××发改审批（2020）28号《××区发展和改革局关于某地块保障性安居工程的批复》。
7.××规划建筑设计有限公司××年××月设计的某地块保障性安居工程施工图。
8.××省××工程勘察测绘院有限公司××年××月某地块保障性安居工程岩土工程勘察报告。
9.《××市建设工程造价信息》（××年第×期）、《××省建设工程造价信息》（××年第×期）、材料无信价的业主询价依据计入。
10. 有关文件、法律法规和省造价管理总站的有关定额解释。
（4）工程质量、材料、施工等的特殊要求。
（5）其他需要说明的问题。

图 4-7 工程量清单编制说明

招标文件要件核对表　　　　　　　　　　　　　　　　　　　　表 4-2

序号	核对内容	核对结论（有√，无×）
1	招标公告	√
2	投标人须知	√
3	评标办法	√
4	合同条款及格式	√
5	工程监理与相关服务规范和设计文件	√
6	投标文件格式	√
7	签章	√

工程量清单要件核对表　　　　　　　　　　　　　　　　　　　表 4-3

序号		核对内容	核对结论（有√，无×）
1	编制依据	规范	√
2		定额	√
3		设计文件	√
4		勘察文件	√
5		信息价	√
6		其他	√
7	编制内容	工程量清单总说明	√
8		分部分项工程量清单	√
9		措施项目清单	√
10		其他项目清单	√
11		规费、税金项目清单	√
12	编制签章	招标人	√
13		造价咨询人	√
14		法定代表人或其授权人	√
15		编制人	√
16		审核人	√

图 4-8　中标通知书　　　　　　　图 4-9　招投标情况书面报告备案表

中标通知书要件核对表　　表 4-4

序号	核对内容	核对结论(有√,无×)
1	标的	√
2	中标单位	√
3	签章	√
4	其他	√

第三步,施工过程造价跟踪。

案例中,××工程咨询有限公司在施工过程中对发生的变更、询价、签证、索赔等进行造价跟踪咨询服务,如图 4-10 和图 4-11 所示。对工程款支付报审表进行审核,如图 4-12 所示。编制工程款支付审核要件核对表(表 4-5),逐项核对工程款支付报审表及附件的内容、编审程序和资格;竣工后完成结算审计报告,如图 4-13 所示,编制竣工结算审核报告要件核对表,见表 4-6,逐项核对竣工结算审核报告的内容、编审程序和资格。

签证单

工程名称:某地块保障性安居工程		编号:××	
建设单位	××安居房开发有限公司	施工单位	××建设有限公司
事由		地面材料更换事项	

内容:

根据三方图纸疑犯纪要和设计变更,安居房室内地面主材由原仿木纹地胶板改为复合地板,过道及公共部位原地面地胶板不变。现把更变后的主材价报费方,请尽快予以确认:

1. 复合地板,品牌:升佳,型号:XM6502,主材价:121 元/㎡;

2. 收口条:43.5 元/m。

以上价格已按投标文件进行优惠,其他规费及管理费、税金等按投标价计取。

项目经理:×××　　　　　　　　　施工单位:(公章)

　　　　　　　　　　　　　　　　日期:××年××月××日

业主方管理人员意见:同意

负责人:×××　　　　　　　　　　经办人:×××

　　　　　　　　　　　　　　　　日期:××年××月××日

设计单位意见:同意

　　　　　　　　　　　　　　　　设计单位:(公章)

　　　　　　　　　　　　　　　　日期:××年××月××日

咨询单位意见:同意

审核人:×××　　　　　　　　　　咨询单位:(公章)

　　　　　　　　　　　　　　　　日期:××年××月××日

建设单位意见:同意

审核人:×××　　　　　　　　　　建设单位:(公章)

　　　　　　　　　　　　　　　　日期:××年××月××日

图 4-10　项目签证单

(　)月分部分项工程量清单与计价审核表

单位工程(专业):某地块保障性安居工程

序号	项目编码	项目名称	项目特征	单位	合同内工程量			本月末累计完成		上月末累计完成		本月完成 施工单位		审核 监理	
					数量	综合单价	合价(元)	数量	金额	数量	金额	数量	金额	数量	金额
		土石方工程													
1	040101002001	挖沟槽土方	主道路各类管道土方开挖,土方类别……	m³	1146.58	5.91	6776.29	2339.33	13825.44	1146.58	6776.29	1192.75	7049.15	0	0.00
2	040101002002	挖沟槽土方	出户支管及房前屋后土方开挖……	m³	2160.76	33.53	72450.28	1102	36950.06	160.93	5395.98	941.07	31554.08	941.07	31554.08
3	040103002001	余余弃置	多余土方外运 G运距及处置费用……	m³	3307.34	39.83	131731.35	3441.33	137068.17	1678.59	66858.24	1762.74	70209.93	1628.76	64873.51
4	040103001001	回填方	沟槽及基坑原土回填,压实度……	m³	200	13.53	2706.00	0	0.00	0.00	0.00	0.00	0.00	0.00	0.00
5	040103001002	回填方	石粉回填,压实系数详施工图	m³	1614.41	154.78	249878.38	1210.81	187409.17	640.00	99059.20	570.81	88349.97	400	61912.00
		道路工程													
6	041001001001	拆除路面	凿除水泥混凝土路面,废渣外运……	m²	4544.13	24.26	110240.59	1360.35	33002.09	878.52	21312.90	481.83	11689.19	481.83	11689.20
7	04B001	路面锯缝	拆除路面凝缝缝施工锯缝	m	15628.2	9.22	144092.00	3640	33560.80	2385.20	21991.54	1254.80	11569.26	1254.8	11569.26
8	040203007001	水泥混凝土	24cm厚5.0MP₂丰泵送商品混凝土……	m²	245.67	155.13	38110.79	0.00	0.00	0.00	0.00	0.00	0.00	0.00	0.00
9	040203007002	水泥混凝土	18cm厚4.5MP₂丰泵送商品混凝土……	m²	1318.25	115.02	151625.12	0.00	0.00	0.00	0.00	0.00	0.00	0.00	0.00
10	040203007003	水泥混凝土	15cm厚4.5MP₂丰泵送商品混凝土……	m²	1393.71	97.73	136207.28	0.00	0.00	0.00	0.00	0.00	0.00	0.00	0.00
11	040203007004	水泥混凝土	15cm厚4.0MP₂丰泵送商品混凝土……	m²	1586.5	94.68	150209.82	0.00	0.00	0.00	0.00	0.00	0.00	0.00	0.00
12	040203007005	水泥混凝土	20cm厚C20丰泵送商品混凝土垫层……	m²	245.67	94.81	23291.97	0.00	0.00	0.00	0.00	0.00	0.00	0.00	0.00
13	040203007006	水泥混凝土	15cm厚C15丰泵送商品混凝土垫层……	m²	1318.25	68.19	89891.47	0.00	0.00	0.00	0.00	0.00	0.00	0.00	0.00
14	040202011001	碎石	12cm厚级配碎石垫层……	m²	1313	26.2	34400.60	0.00	0.00	0.00	0.00	0.00	0.00	0.00	0.00

图 4-11　月度分部分项工程量清单与计价审核表

工程款支付报审表

工程名称：某地块保障性安居工程　　　　　　　　　　　　　　　　　　编号：001

<table>
<tr><td colspan="2">

致：××工程咨询有限公司（项目监理机构）

　　根据施工合同约定，我方已完成基础工程工作，建设单位应在××年××月××日前支付工程款共计（大写）壹佰贰拾万元整（小写：1200000元），请予以核审。

　　附件：☑已完成工程量报表
　　　　　□工程竣工结算证明材料
　　　　　□相应支持性证明文件

施工项目经理部（盖章）：××
项目技术负责人（签字）：××

××年××月××日

</td></tr>
<tr><td colspan="2">

审查意见：
1. 施工单位应得款为：1200000 元
2. 本期应扣款为：0 元
3. 本期应付款为：1200000 元
　　附件：1.已完工程量清单
　　　　　2.变更签证工程量计算书
　　　　　3.签证变更
　　　　　4.设计变更
　　　　　5.会议纪要

专业监理工程师（签字）：××

××年××月××日

</td></tr>
<tr><td colspan="2">

审核意见：
经审核，应付工程款 1200000 元。

项目监理机构（盖章）：××
总监理工程师（签字、加盖执业印章）：××

××年××月××日

</td></tr>
<tr><td colspan="2">

审批意见：
同意支付工程款1200000元。

建设单位（盖章）：××
建设单位代表（签字）：××

××年××月××日

</td></tr>
</table>

图 4-12　工程款支付报审表

工程款支付审核要件核对表 表 4-5

序号	核对内容	核对结论（有√，无×）
1	工程计量与工程价款的审核	√
2	工程变更及现场签证的管理审核	√
3	工程索赔管理审核	√
4	签章	√

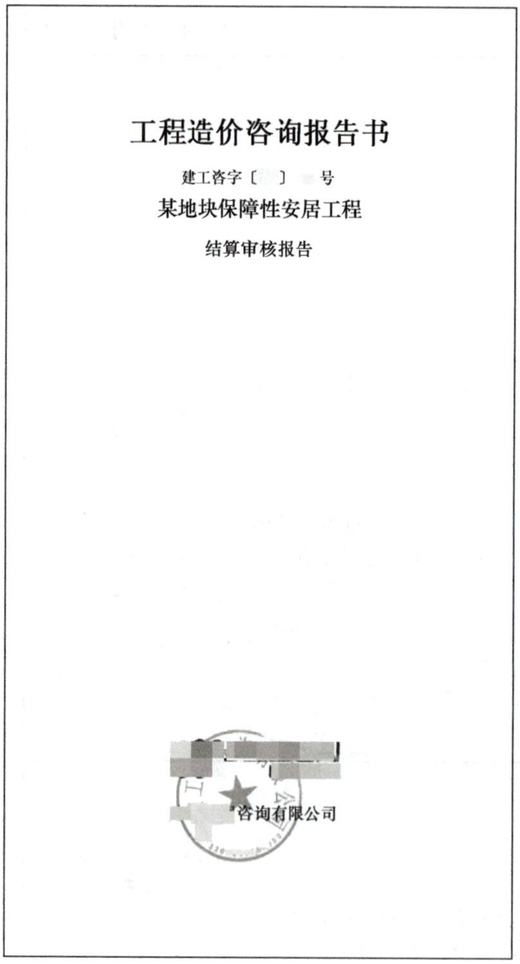

工程造价咨询报告书

建工咨字〔 〕 号

某地块保障性安居工程

结算审核报告

咨询有限公司

图 4-13 竣工结算报告（部分摘录）（一）

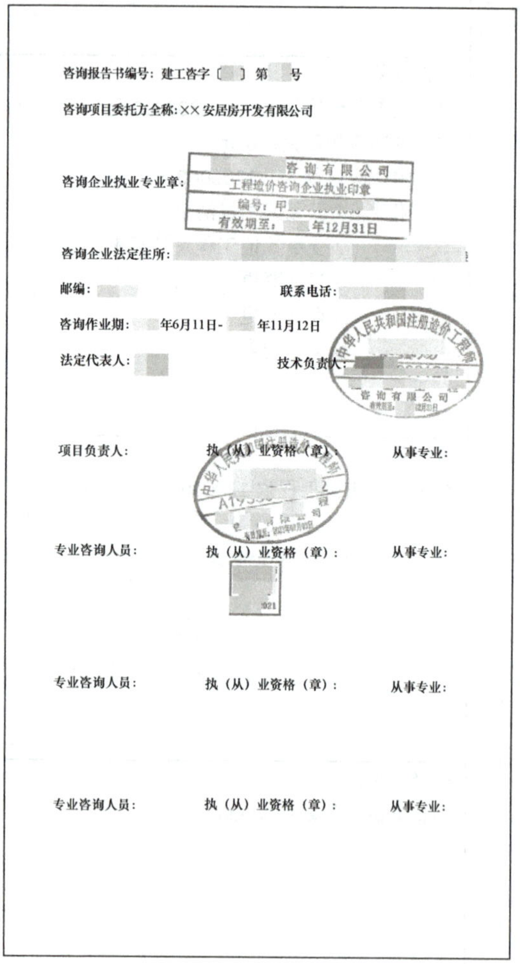

咨询报告书编号：建工咨字〔 〕 第 号

咨询项目委托方全称：××安居房开发有限公司

咨询企业执业专业章：咨询有限公司 工程造价咨询企业执业印章 编号：甲 有效期至： 年12月31日

咨询企业法定住所：

邮编： 联系电话：

咨询作业期： 年6月11日- 年11月12日

法定代表人： 技术负责人：

项目负责人： 执（从）业资格（章）： 从事专业：

专业咨询人员： 执（从）业资格（章）： 从事专业：

专业咨询人员： 执（从）业资格（章）： 从事专业：

专业咨询人员： 执（从）业资格（章）： 从事专业：

图 4-13 竣工结算报告（部分摘录）（二）

咨询报告书目录

序号	文件内容	文件作者	页码	备注
1	结算价核审报告	咨询有限公司	6	原件
2	工程造价审定单	咨询有限公司	7	原件
3	结算价咨询报表	咨询有限公司	15	原件
4	工程量计算表	咨询有限公司	77	原件
5	工程联系单	有限公司、咨询有限、开发建设有限公司、工程监理有限公司	151	复印件
6	工程延期报告、会议纪要	有限公司、开发设有限公司、工程监理有限公司	170	复印件
7	开工报告	有限公司、开发建设有限公司、	171	复印件
8	完工报告	有限公司、开发设有限公司、工程监理有限公司	186	复印件
9	施工合同摘要、中标通知书	有限公司、开发建设有限公司	190	复印件

图 4-13　竣工结算报告（部分摘录）（三）

图 4-13　竣工结算报告（部分摘录）（四）

图 4-13　竣工结算报告（部分摘录）（五）

图 4-13　竣工结算报告（部分摘录）（六）

图 4-13 竣工结算报告（部分摘录）（七）

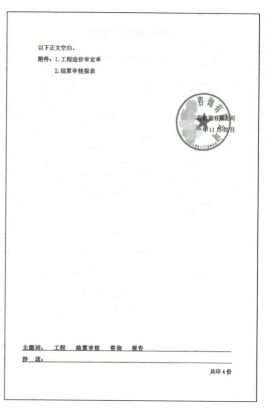

图 4-13 竣工结算报告（部分摘录）（八）

竣工结算审核报告要件核对表   表 4-6

序号	核对内容	核对结论（有√，无×）
1	签章	√
2	工程概况	√
3	审核依据	√
4	审核实施情况	√
5	审核结论	√
6	审核增减说明	√

（3）工作实施

根据指导老师指定项目情况，参照步骤交底，按照工作用表编制发包方式清单，工作用表见表 4-7～表 4-9，确定投资限额；收集并核对工程量清单编制依据，核对工程量清单成果文件并进行备案，核对招标文件并进行招标备案；核对中标通知书，编制招投标情况书面报告备案表并进行备案；核对工程款支付报审表及附件的内容、编审程序和资格；核对竣工结算报告的内容、编审程序和资格。

发包方式清单　　　　表 4-7

序号	发包内容	发包方式	起止时间	工期	质量要求	概算限额

××市建设工程招投标情况书面报告备案表　　　　表 4-8

×建找监备字：（××）××号

招标项目名称	
招标单位	
招标代理机构	
中标情况	
备案说明	

招标单位： （公章） 法定代表人或其委托代理人： （签字或盖章） 　　　　　　　　　年　月　日	招标代理机构： （公章） 法定代表人或项目负责人： （签字或盖章） 　　　　　　　　　年　月　日
备案意见： ××市建设工程招标投标监理处 （备用专用章） 经办人： 　　　　　　　　　　　　　　　　　年　月　日	

××要件核对表   表 4-9

序号	核对内容	核对结论（有√，无×）

4.6　评价反馈：相关表格详见课程学习导言。

学习情境 5　运行维护和报送

5.1　学习情境描述

某地块保障性安居工程项目竣工交付后，××工程咨询有限公司接受×
×安居房开发有限公司委托进行运行维护阶段咨询。该安居工程正常运行一
定周期后，××工程咨询有限公司根据项目建设过程和运行情况编制项目总
结报告。根据合同服务内容为××安居房开发有限公司提供了设施管理咨
询，编制了设施管理咨询报告。在完成相关工作后，该咨询单位最后编写了项目后评价
报告。

运行维护和报送
学习情境描述

5.2　学习目标

能开展运行维护咨询工作，能编制项目总结报告、设施管理咨询报告和项目后评价报
告等文件的核对表，能收集、编制并核对运行维护相关文件，并报送建设单位。

备注：该专项咨询服务的其他知识和能力在相应课程中进行教学。

5.3　任务书

根据给定的工程项目，开展运行维护和相关报送工作。

5.4　工作准备

 引导问题 1

什么是运行与维护管理？它的作用是什么？成果是什么？

 小提示

运行与维护管理是指建筑在竣工验收完成并投入使用后，整合建筑内人员、设施及技术等关键资源，通过运营充分提高建筑的使用率，降低它的经营成本，增加投资收益，并通过维护尽可能延长建筑的使用周期而进行的综合管理。

运行与维护管理的作用：

在标准及规范要求的范围内，从建筑运维的实际需求以及各类实际场景的闭环应用方面进行综合考虑，通过加装的智能化硬件、传感器，能够实时感知各类设备或者建筑内部环境的动态情况，基于综合的分析与判断，实现建筑预测式的运维管理。通过此种方式的运维管理，可以大大降低人员成本，提升运维管理的效率，将"事后维修"转变为"事前预防"，使建筑能够以健康的状态持续运行。

运行与维护管理过程中形成的成果主要有项目总结报告、设施管理咨询报告、项目后评价报告等。

 引导问题 2

项目总结报告的内容是什么？

 小提示

建设项目正常运行一定周期后，全过程工程咨询单位应根据项目建设过程和运营情况编制项目总结报告，报送建设单位。

项目总结报告应包括项目概况、项目决策评价、项目实施评价、项目效益评价、项目影响评价、项目可持续评价和相关建议等。

 引导问题 3

设施管理咨询报告的内容是什么？

 小提示

设施管理咨询应包括下列内容：

（1）物业资产管理：财务管理、空间管理和用户管理；

（2）物业运行管理：维修和现代化。

设施管理咨询报告应提出设施管理的专业化、精细化、集约化、智能化、信息化和定制化等要求。

引导问题 4

项目后评价报告的内容是什么？

小提示

项目后评价是指在项目已经完成并运行一段时间后，对项目的目的、执行过程、效益、作用和影响进行系统的、客观的分析和总结的一种技术经济活动。项目后评价报告是作为对项目总体评价结果的汇总，是为我们提供经验教训的重要文件。

项目后评价报告的内容：

（1）摘要；

（2）项目概况；

（3）项目实施过程的总结与评价；

（4）项目效果和效益评价；

（5）项目环境和社会效益评价；

（6）项目目标和可持续性评价；

（7）项目后评价结论和主要经验教训；

（8）对策建议。

引导问题 5

运行与维护阶段的方法是什么？

小提示

在工程项目建成投产后，工程项目运营主体根据既定的效益目标，通过有效利用各种资源，对工程项目的运营过程进行计划、组织与控制，运营出满足社会需要、市场需求的产品或服务。

 引导问题 6

全过程工程咨询单位在运行与维护阶段咨询服务中的主要工作内容是什么？

 小提示

项目竣工交付后，对项目的运行和维护保养提供咨询服务，确保项目具备预期的使用性能可靠度和保值增值。

运行与维护阶段咨询服务的主要工作内容：

（1）项目竣工交付后，全过程工程咨询单位应协助建设单位参与项目试运行相关工作。建设项目正常运行一定周期后，全过程工程咨询单位应根据项目建设过程和运行情况编制项目总结报告。

（2）全过程工程咨询单位应协助建设单位审核项目使用说明书，并根据合同服务内容为建设单位提供设施管理咨询，编制了设施管理咨询报告。

（3）在完成相关工作后，全过程工程咨询单位应编写项目后评价报告。

5.5 能力训练

（1）任务下达

根据指导老师确定的工程项目，模仿案例，编制项目总结报告、设施管理咨询报告和项目后评价报告等文件，编制要件核对表并核对各相关文件，并报送建设单位。

（2）步骤交底

第一步，项目总结报告编审报送。

案例中，该安居工程正常运行一定周期后，××工程咨询有限公司根据项目建设过程和运行情况编制项目总结报告，如图5-1所示。相关核对人编制项目总结报告要件核对表，见表5-1，逐项核对项目总结报告的内容。检查无误后，报送建设单位。

运行维护和报送
能力训练

项目总结报告要件核对表   表5-1

序号	核对内容	核对结论（有√，无×）
1	项目概况	√
2	项目决策评价	√
3	项目实施评价	√
4	项目效益评价	√
5	项目影响评价	√
6	项目可持续评价	√
7	相关建议	√

某地块保障性安居工程

项目总结报告

××工程咨询有限公司

目 录

图 5-1　项目总结报告（部分摘录）（一）　　　　图 5-1　项目总结报告（部分摘录）（二）

第二步，设施管理咨询报告编审报送。

案例中，××工程咨询有限公司根据合同服务内容为××安居房开发有限公司提供了设施管理咨询，编制了设施管理咨询报告，如图 5-2 所示。相关核对人编制设施管理咨询报告要件核对表（表 5-2），逐项核对设施管理咨询报告的内容。检查无误后，报送建设单位。

设施管理咨询报告要件核对表　　　　　　　　　　　　　　　　表 5-2

序号	核对内容		核对结论（有√，无×）
1	物业资产管理	财务管理	√
2		空间管理	√
3		用户管理	√
4	物业运行管理	维修	√
5		现代化	√

某地块保障性安居工程	目　录
设施管理咨询报告	1. 物业资产管理 ……………………………… 　　1.1 财务管理 ………………………………… 　　1.2 空间管理 ………………………………… 　　1.3 用户管理 ………………………………… 2. 物业运行管理 ……………………………… 　　2.1 维修 …………………………………… 　　2.2 现代化 …………………………………
××工程咨询有限公司	

图 5-2　设施管理咨询报告（部分摘录）（一）　　　图 5-2　设施管理咨询报告（部分摘录）（二）

第三步，项目后评价报告编审报送。

案例中，××工程咨询有限公司在完成相关工作后，编写了项目后评价报告，如图 5-3所示。相关核对人编制项目后评价报告要件核对表（表 5-3），逐项核对项目后评价报告的内容。检查无误后，报送建设单位。

项目后评价报告要件核对表　　　　　　　　　　　　　表 5-3

序号	核对内容	核对结论（有√，无×）
1	摘要	√
2	项目概况	√
3	项目实施过程的总结与评价	√
4	项目效果和效益评价	√
5	项目环境和社会效益评价	√
6	项目目标和可持续性评价	√
7	项目后评价结论和主要经验教训	√
8	对策建议	√

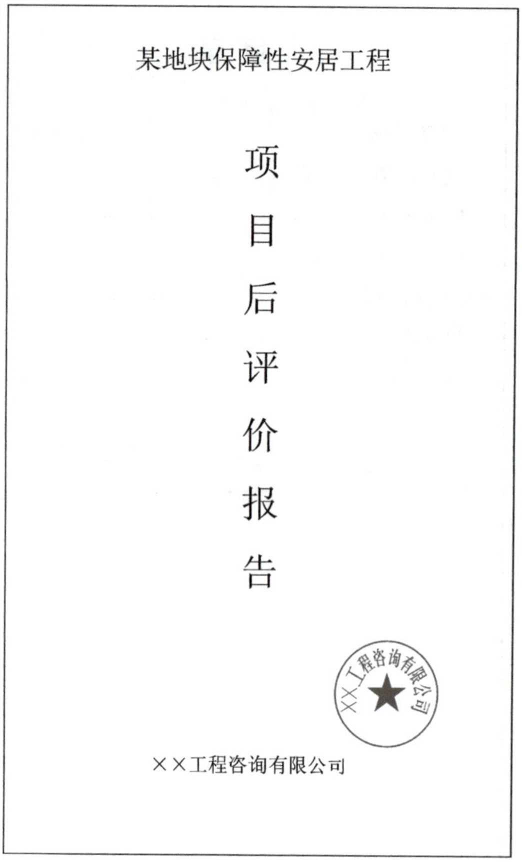

某地块保障性安居工程

项
目
后
评
价
报
告

××工程咨询有限公司

目 录

图 5-3　项目后评价报告（部分摘录）（一）　　　　图 5-3　项目后评价报告（部分摘录）（二）

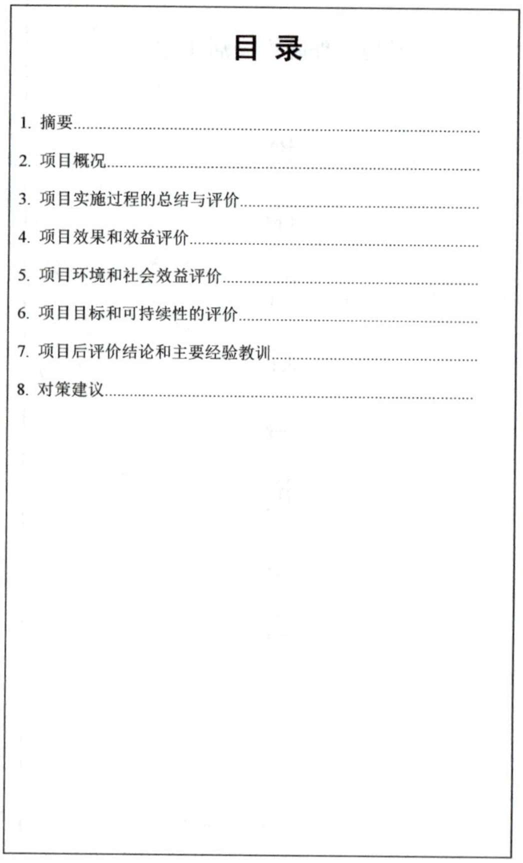

（3）工作实施

根据指导老师指定项目情况，参照步骤交底，按照工作用表，编制项目总结报告、设施管理咨询报告和项目后评价报告等文件的要件核对表（表 5-4），收集、编制并核对运行维护相关文件，并报送建设单位。

××报告要件核对表　　　　　　　　　　　　　　　　　　表 5-4

序号	核对内容	核对结论（有√，无×）

5.6　评价反馈：相关表格详见课程学习导言。

学习情境 6 BIM 服务和报送

6.1 学习情境描述

××安居房开发有限公司委托××工程咨询有限公司就某地块保障性安居工程项目进行 BIM 实施管理咨询，编制 BIM 实施方案，提供 BIM 的软硬件，组织、指导、帮助、督促各参建单位落实应用，协调解决接口、衔接和实施问题，总结汇总实施成果。

BIM服务和报送
学习情境描述

6.2 学习目标

能编审 BIM 总实施方案；能编制问题落实汇总表，协调平衡各 BIM 参建单位；能编制信息汇总表，整理成果文件，编制 BIM 实施经验总结报告并报送建设单位。

备注：该专项咨询服务的其他知识和能力在相应课程中进行教学。

6.3 任务书

根据给定的工程项目，开展 BIM 服务和相关报送工作。

6.4 工作准备

引导问题 1

什么是 BIM？它的作用是什么？成果是什么？

_____

_____

_____

_____

小提示

BIM 是英文 Building Information Modeling 的缩写，国内比较统一的翻译是建筑信息模型。BIM 是以建筑工程项目的各类相关信息数据作为模型的基础，进行建筑模型的建立，通过数字信息仿真模拟建筑物所具有的真实信息。

（1）BIM 的作用

在建筑的全寿命周期内，通过参数化建模来进行建筑模型的数字化和信息化管理，从而实现各个专业在设计、建造、运营维护阶段的协同工作。BIM 不只是简单将数字信息进行集成，还是一种数字信息的应用，它可以用于设计、建造、管理的数字化应用，这种应用可以使建筑工程在其整个进程中显著提高效率，大量减少风险。

（2）BIM 的成果

BIM 可以在建筑工程整个寿命周期中实现集成管理，这个模型既包括建筑物的信息模型，同时又包括建筑工程管理行为的模型。将建筑物的信息模型与建筑工程的管理行为模型进行完美组合，可以在一定范围内模拟实际的建筑工程建设行为。

典型的 BIM 模型包括设计模型、特定系统的分析模型、协调综合模型、施工模型、

4D 模型、5D 模型、加工预制模型、竣工验收模型、运维模型等。

引导问题 2

BIM 技术的常用应用内容是什么？

小提示

BIM 技术的常用应用内容：

（1）基于 BIM 的技术管理：碰撞检查、管线综合优化、工艺工法库、资料协同管理、可视化技术交底、二次结构排砖等；

（2）基于 BIM 的进度管理：进度计划编制；将总进度计划精细分解成周进度计划，进行现场进度管控；进度计划与实际进度差异分析；通过调整资源配比，对进度偏差进行动态纠偏；

（3）基于 BIM 的质量、安全管理；

（4）基于 BIM 的物资管理；

（5）基于 BIM 的成本管理；

（6）基于 BIM 的场地规划；

（7）基于 BIM 的 CI 标准化；

（8）基于 BIM 的构件跟踪；

（9）基于 BIM 的劳动力管理；

（10）基于 BIM 的实名制管理；

（11）基于 BIM 的 VR。

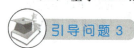

引导问题 3

BIM 总实施方案的内容是什么？

小提示

BIM 总实施方案的内容包括以下几方面：

（1）BIM 在项目各阶段的应用内容、模型深度要求、成果文件；

（2）BIM 在项目各阶段工作管理制度；

（3）BIM 在项目中应用的软件和硬件要求；

（4）项目及 BIM 实施协同管理体系方案；

（5）BIM 在项目实施中的成果资料交付格式；

（6）BIM 在项目实施中的评价标准。

 引导问题 4

BIM 技术的方法是什么？

 小提示

BIM 技术的方法主要包括以下几方面：

（1）建模软件：土建、机电、市政等；

（2）展示软件：轻量化软件、渲染软件等；

（3）分析模拟软件：设计碰撞分析、能耗分析、结构分析等；

（4）运维管理平台：基于 BIM 的智慧楼宇、智慧园区、智慧城市的运维平台，BIM 报建管理平台等。

 引导问题 5

全过程工程咨询单位在 BIM 服务咨询中的主要工作内容是什么？

 小提示

BIM 服务咨询的主要工作内容：

（1）在设计准备阶段，工程咨询有限公司编制 BIM 总实施方案和 BIM 实施细则，并不断完善；

（2）在实施过程中，负责指导、审核各参建单位编制 BIM 实施方案，指导参建单位搭建 BIM 技术应用环境，组织并监督参建单位落实 BIM 应用，解答 BIM 实施的技术问题；

（3）按照合同约定提供 BIM 应用软件和硬件设备，督促各参建单位做好相应接口的衔接工作；

（4）根据实施情况，组织 BIM 实施培训，汇总项目 BIM 实施成果，编制 BIM 实施经验总结报告，报送建设单位。

6.5　能力训练

（1）任务下达

BIM服务和报送能力训练

根据指导老师确定的工程项目，模仿案例，编审 BIM 总实施方案；编制问题落实汇总表，协调平衡 BIM 各参建单位；编制信息汇总表，整理成果文件，编制 BIM 实施经验总结报告并报送建设单位。

（2）步骤交底

第一步，编审 BIM 总实施方案。

案例中，××安居房开发有限公司委托××工程咨询有限公司就某地块保障性安居工程项目进行 BIM 实施管理咨询。该工程咨询有限公司在设计准备阶段编制 BIM 总实施方案，如图 6-1 所示。在实施过程中不断完善调整实施方案，并编制 BIM 实施细则，如图 6-2所示。相关核对人编制 BIM 总实施方案要件核对表（表 6-1），逐项核对 BIM 总实施方案的内容，检查 BIM 总实施方案的编审程序和资格是否符合要求。

某地块保障性安居工程

BIM
总
实
施
方
案

××工程咨询有限公司

图 6-1　BIM 总实施方案（部分摘录）（一）

目　录

1.BIM 在项目各阶段的应用内容..................................
2.BIM 在项目各阶段的模型深度要求..........................
3.BIM 在项目各阶段的成果文件..................................
4.BIM 在项目各阶段工作管理制度..............................
5.BIM 在项目中应用的软件和硬件要求......................
6.项目及 BIM 实施协同管理体系方案..........................
7.BIM 在项目实施成果资料交付格式..........................
8.BIM 在项目实施中的评价标准..................................

图 6-1　BIM 总实施方案（部分摘录）（二）

BIM 总实施方案要件核对表　　　　　　　　　　表 6-1

序号	核对内容	核对结论（有√，无×）
1	BIM 在项目各阶段的应用内容	√
2	BIM 在项目各阶段的模型深度要求	√
3	BIM 在项目各阶段的成果文件	√

续表

序号	核对内容	核对结论（有√，无×）
4	BIM 在项目各阶段工作管理制度	√
5	BIM 在项目中应用的软件和硬件要求	√
6	项目及 BIM 实施协同管理体系方案	√
7	BIM 在项目实施中的成果资料交付格式	√
8	BIM 在项目实施中的评价标准	√

某地块保障性安居工程

BIM
实
施
细
则

××工程咨询有限公司

图 6-2　BIM 实施细则

　　第二步，组织协调各参建单位的 BIM 工作。

　　案例中，××工程咨询有限公司在 BIM 实施过程中指导、审核各参建单位的 BIM 实施方案并监督其 BIM 应用工作，提供 BIM 应用软件和硬件设备，做好相应接口的衔接工作。BIM 实施过程中，协调平衡各 BIM 参建单位，编制问题落实汇总表（表 6-2），及时整理反馈。

问题落实汇总表   表 6-2

序号	问题	解决人	解决时间	落实情况
1	对 BIM 模型建立程序理解不同	×××	××年××月××日	已落实
2	对 BIM 模型信息需求不同	×××	××年××月××日	已落实
3	信息的标准不同	×××	××年××月××日	已落实
4	对 BIM 模型档案管理不同	×××	××年××月××日	已落实
5	软件交换性不足，有信息遗失问题	×××	××年××月××日	已落实

第三步，整理报送实施成果。

案例中，××工程咨询有限公司汇总项目 BIM 实施成果，根据项目各阶段 BIM 实施情况，编制 BIM 实施经验总结报告，如图 6-3 所示，报送建设单位。

图 6-3　BIM 实施经验总结报告

相关人员编制信息汇总表（表6-3），整理成果文件，编制 BIM 实施经验总结报告并报送建设单位。

信息汇总表 表 6-3

序号	资料名称	提交单位	提交时间
1	土建建模成果	××工程有限公司	××年××月××日
2	机电建模成果	××工程有限公司	××年××月××日
3	碰撞检查	××工程有限公司	××年××月××日
4	优化建议方案	××工程有限公司	××年××月××日
5	管线综合报告	××工程有限公司	××年××月××日

（3）工作实施

根据指导老师指定项目情况，参照步骤交底，按照工作用表核对 BIM 总实施方案，工作用表见表 6-4～表 6-6；编制问题落实汇总表，协调平衡 BIM 各参建单位；编制 BIM 成果信息汇总表和实施经验总结报告并报送建设单位。

BIM 总实施方案要件核对表 表 6-4

序号	核对内容	核对结论（有√，无×）

问题落实汇总表 表 6-5

序号	问题	解决人	解决时间	落实情况

信息汇总表 表 6-6

序号	资料名称	提交单位	提交时间

6.6 评价反馈：相关表格详见课程学习导言。

学习领域 2 项 目 建 设 管 理

学习情境 7 合 同 管 理

合同管理学习
情境描述

7.1 学习情境描述

××国家旅游度假区基础设施建设开发中心开发建设的某地块规划建造
36班小学项目开工后，该开发中心委托××工程咨询有限公司进行合同管
理。该工程咨询有限公司制定合同评审制度，组织合同评审，继而签订合
同。在项目实施前，该工程咨询有限公司对相关合同进行分析和交底。并以
合同分析的成果为基准，对整个合同实施过程进行全面监督、检查、对比和纠正。合同执
行后进行了合同后评价。

7.2 学习目标

能进行合同管理，编制合同管理用表。

7.3 任务书

根据给定的工程项目，开展合同管理工作。

7.4 工作准备

引导问题 1

什么是合同管理？它的作用是什么？成果的表现形式是什么？

小提示

合同管理是指对项目合同的编制、订立、履行、变更、索赔、争议处理和终止等管理
活动。

其主要作用是根据相关法律、政策和企业经营目标的要求，运用指导、组织、监督等
手段，促使当事人依法签订、履行、变更合同和承担违约责任，制止和查处利用建设工程
项目合同进行违法活动，保证建设工程项目顺利实施。

合同管理成果的表现形式是编制合同管理用表，确保合同依法订立和全面履行。

引导问题 2

合同管理的内容是什么？

合同管理的主要工作包括合同评审、合同交底、合同跟踪、合同实施诊断、合同调整以及补充协议的管理。

（1）合同评审

为了确认能够保质保量地完成合同内容，对合同实施条件和风险进行确认，扫除合同履行过程中的不确定因子，避免因合同实施过程中出现解决不了的问题而影响合同实施。全过程工程咨询单位应进行合同评审，有效减少或规避合同签订和履行的相关风险。

（2）合同交底

在合同实施前，全过程工程咨询单位应进行合同交底。合同交底应包括合同的主要内容、合同实施的主要风险、合同签订过程中的特殊问题、合同实施计划和合同实施责任分配等内容。

（3）合同跟踪

在工程项目实施过程中，由于实际情况千变万化导致合同实施与预定目标（计划和设计）的偏离。如果不采取措施，这种偏差常常由小到大，逐渐积累，最终会导致合同无法按约定完成。这就需要对工程项目合同实施的情况进行跟踪，以便提早发现偏差，采取措施纠偏。主要内容包括：

1）跟踪具体的合同事件。对照合同事件的具体内容，分析该事件实际完成情况。

2）注意各工程标段或分包商的工程和工作。一个工程标段或分包商可能承担许多专业相同、工艺相近的分项工程或许多合同事件，所以必须对其实施的总情况进行检查分析。

3）总承包人必须对各分包合同的实施进行有效的控制，这是总承包人合同管理的重要任务之一。全过程工程咨询单位应督促监理单位加强总包方对分包合同的督促，以达到如下目的：

① 控制分包商的工作，严格监督他们按分包合同完成工程责任。分包合同是总承包人履职的一部分，如果分包商完不成他的合同责任，则总包就不能顺利完成总包合同责任；

② 对分包商的工程和工作，总承包人负有协调和管理的责任，并承担由此造成的损失，所以分包商的工程和工作必须纳入总承包工程的计划和控制中，防止因对分包商工程管理失误而影响全局。

4）为一切索赔和反索赔做准备。全过程工程咨询单位与总包、总包和分包之间利益是不一致的，双方之间常常会有尖锐的利益争执，在合同实施中，双方都在进行合同管理，都在寻找向对方索赔的机会，所以双方都有索赔和反索赔的任务。

5）在合同跟踪过程中，全过程工程咨询单位的主要工作是对以下重点事件及关键工作进行监督和跟踪：

① 及时提醒委托方提供各种工程实施条件如及时发布图纸，提供场地，及时下达指

令、做出答复，及时支付工程款等，这常常是承包人推卸责任的托词，所以应特别重视；

② 要求设计部门按照合同规定的进度提交质量合格的设计资料，并应保护其知识产权，不得向第三人泄露、转让；

③ 督促监理单位与施工单位必须正确、及时地履行合同责任，与监理单位和施工单位多沟通，尽量做到使监理单位和承包人积极主动地做好工作，如提前催要图纸、材料，对工作事先通知等；

④ 出现问题时及时与委托方沟通；

⑤及时收集各种工程资料，对各种活动、双方的交流做出记录；

⑥对有恶意的承包人提前防范，并及时采取措施。

（4）合同实施诊断

合同实施诊断是在合同实施跟踪的基础上进行的，是指对合同实施偏差情况的分析。合同实施偏差的分析，主要是评价合同实施情况及其偏差，预测偏差的影响及发展的趋势，并分析偏差产生的原因，以便对该偏差采取调整措施。合同实施诊断的主要内容：

1）合同执行差异的原因分析。通过对不同监督和跟踪对象的计划和实际的对比分析，不仅可以得到差异，而且可以探索引起这个差异的原因分析可以采用鱼刺图、因果关系分析图（表）、成本量差、价差分析等方法定性或定量地进行。

2）合同差异责任分析。即这些原因由谁引起，该由谁承担责任，这常常是索赔的理由。一般只要原因分析详细，有根有据，则责任自然清楚。责任分析必须以合同为依据，按合同规定落实双方的责任。

3）合同实施趋向预测。分别考虑不采取调控措施和采取调控措施以及采取不同的调控措施情况下，合同的最终执行结果：

① 最终的工程状况：包括总工期的延误，总成本的超支，质量标准，所能达到的生产能力（或功能要求）等；

② 承包人将承担什么样的后果，如被罚款、被清算、甚至被起诉，对承包人资信、企业形象、经营战略造成的影响等；

③ 最终工程经济效益（利润）水平。

（5）采取调整措施

经过合同诊断之后，应当按照合同约定调整合同价款的因素主要有以下几类：

1）法律法规变化；

2）工程变更；

3）项目特征不符；

4）工程量清单缺项；

5）工程量偏差；

6）计日工；

7）物价变化；

8）暂估价；

9）不可抗力；

10）提前竣工（赶工补偿）；

11）误期赔偿；

12）索赔；

13）现场签证；

14）暂列金额；

15）发承包双方约定的其他调整事项。

（6）补充协议的管理

项目建设期间拟与各单位签订的各种补充合同、协议的，应在合同、协议签订前，按照备案、审核程序，将拟签订合同、协议交监理公司，对其合法性和合理性以及与施工合同有关条款的一致性进行审核。

在收集整理监理单位意见的基础上，出具审核意见上报委托方，委托方应及时进行审核，并将审核意见反馈至全过程工程咨询单位。全过程工程咨询单位在一定时间内将修改结果以书面形式向委托方报告。各种补充合同、协议经上述程序修改完后方可签署，签署完成的合同、协议应及时归档，并做好合同文件签发记录，如图7-1所示。

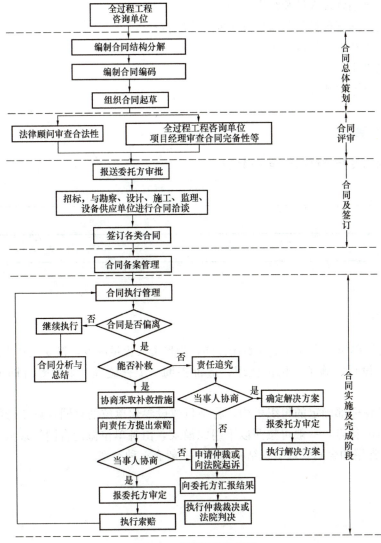

图 7-1 合同管理流程图

引导问题 3

合同管理的方法是什么？

合同管理的方法主要包括以下几方面：

(1) 确定合同管理人员和组织机构；

(2) 确定合同管理员及各参与方主要工作职责；

(3) 对变更和索赔进行动态管理；

(4) 合同终止；

(5) 做好合同后评价。

引导问题 4

合同管理人员和组织机构如何确定？

全过程咨询单位与投资人签订委托合同，为投资人提供服务，接受投资人的监督，同时负责勘察、设计、施工、招标代理、造价咨询、工程监理、采购等合同的协调管理工作。

按照项目管理部确定的组织机构，将项目建设参建单位的合同管理主管纳入组织机构。根据项目的特点，一般可按照以下组织模式，由各单位派遣合同管理人员组成。

图 7-2 为常用的合同管理组织结构模式，一般有三种类型。

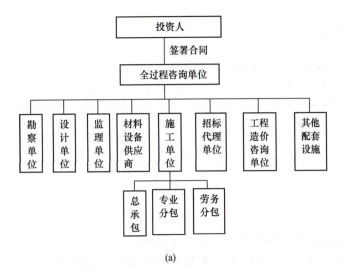

(a)

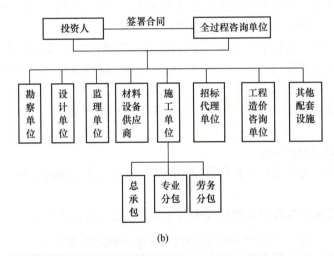

(b)

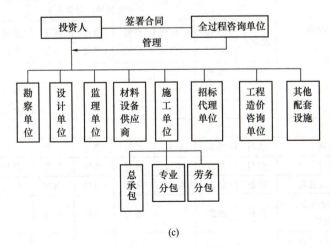

(c)

图 7-2　常用的合同管理组织模式

引导问题 5

合同管理员及各参与方主要工作职责是什么？

全过程工程咨询单位合同管理员主要工作职责：

（1）协助投资人进行工程招投标。根据业主的需要，参加工程施工及设备、材料的招投标工作，对招标文件内容和标底提出意见和建议，协助业主选定承包单位及供应商。

（2）协助投资人确定本项目的合同结构。

合同管理的一项重要内容就是对合同的框架、类型、主要部分和条款进行分类、汇总，形成本工程的合同结构，确定合同内容符合工程总体进度计划和投资概算。

（3）合同执行过程管理和检查。

在工程建设实施阶段，对授权工作范围内的合同履行进行全过程的监控、检查和管理。

（4）处理合同纠纷和索赔。

协助投资人公正处理建设工程各阶段中产生的索赔，参与协商、调解、仲裁甚至诉讼解决合同的纠纷。

全过程工程咨询单位合同管理过程中各参与方主要职责见表7-1。

全过程工程咨询单位合同管理过程中各参与方主要职责　　　　　　　　表 7-1

序号	工作职责内容	各参与单位职责分工								
		投资人	全过程咨询单位	招标代理单位	勘察单位	设计单位	施工单位	监理单位	造价咨询单位	设备供应商
1	合同管理工作计划	审批	编制	参与						
2	合同机构	审批	编制	参与				参与	参与	
3	合同评审	审批	负责	参与				参与	参与	
4	招标工作	监督	管理	负责				参与	参与	
5	合同谈判	参与	组织	负责	参与	参与	参与	参与	参与	参与
6	合同签订	参与	负责	参与	参与	参与	参与	参与	参与	参与
7	合同补充协议签署	审查	负责	参与	参与	参与	参与	参与	参与	参与
8	合同执行情况检查、分析、总结	监督	组织		参与	参与	参与	参与	参与	参与
9	合同履行、文件记录的收集、整理	监督	组织		参与	参与	参与	参与	参与	参与
10	合同管理总结报告编写	审查	负责	参与	参与	参与	参与	参与	参与	参与

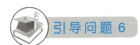 引导问题 6

什么是合同变更管理？它的原则和条件是什么？

 小提示

合同变更管理应包括变更协商、变更处理程序和结果检查等工作。

合同变更原则是指在合同订立后，如果发生了订立合同时当事人不能预见并不能克服的情况，改变了订立合同时的基础，使合同的履行失去意义或者履行合同将使当事人之间的利益发生重大失衡，应当允许受不利情况影响的当事人变更合同或者解除合同。一般认为，适用合同变更原则应当具备以下条件：

（1）有变更的事实发生。即作为合同环境及基础的客观情况发生了异常变动。

（2）变更事实发生于合同订立后履行完毕之前。

（3）该异常变动无法预料且无法克服。如果合同订立时，当事人已预见该变动将要发生，或当事人能予以克服的，则不能适用该原则。

（4）该异常变动不可归责于当事人。如果是因一方当事人的过错所造成或是当事人应当预见的，则应由其承担风险或责任。

（5）该异常变动应属于非市场风险。如果该异常变动是市场中的正常风险，则当事人不能主张情事变更。

（6）变更事实将使维持原合同显失公平。

在施工合同中，建筑材料涨价常常是承包人要求增加合同价款的理由之一。如果合同对材料没有"包死"，则补偿差价是合理的。如果合同已就工程总价或材料价格一次"包死"，若发生建筑材料涨价是否补偿差价，应当判断建筑材料涨价是属于市场风险还是变更。可以认为，通货膨胀导致物价大幅上涨及因国家产业政策的调整或国家定价物资调价造成的物价大幅度上涨，属于变更，涨价部分应当由投资人合理负责一部分或全部承担，处于不利地位的承包人可以主张增加合同价款。如果属于正常的市场风险，则由承包人自行负担。

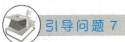 引导问题 7

什么是索赔？索赔的内容是什么？

索赔是指在合同履行过程中，对于非己方的过错而应由对方承担责任的情况造成的损失，向对方提出补偿的要求。

反索赔是指合同当事人一方向对方提出索赔要求时，被索赔方从自己的利益出发，依据合法理由减少或抵消索赔方的要求，甚至反过来向对方提出索赔要求的行为。

索赔是发包方和承包方都拥有的权利。在工程实践中，一般把发包方向承包方的索赔要求称作反索赔。发包方在索赔中处于主动地位，可以从工程款中抵扣，也可以从保险金中扣款以补偿损失。

索赔属于经济补偿行为，而不是惩罚。

（1）索赔工作是承发包双方之间经常发生的管理业务，是双方合作的方式，一般情况下索赔都可以通过协商方式解决。只有发生争议才会导致提出仲裁或诉讼，即使这样，索赔也被看成是遵法守约的正当行为。

（2）索赔方所受到的损害，与被索赔方的行为并不一定存在法律上的因果关系。索赔事件的发生，可以是一方行为造成的，也可能是任何第三方行为所导致。一方违约使另一方蒙受损失，受损方向另一方提出赔偿损失的要求。

索赔按索赔有关当事人分类一般可分为承包人的索赔和发包人的索赔。

（1）承包人的索赔

承包人根据合同认为有权得到追加付款和（或）延长工期时，应按规定程序向发包人提出索赔。表 7-2 是标准施工合同中应给承包人补偿的条款。

序号	主要内容	可补偿内容		
		工期	费用	利润
1	文物、化石	√	√	
2	监理人的指示延误或错误指示	√	√	√
3	不利的物质条件	√	√	
4	发包人提供的材料和工程设备提前交货		√	
5	发包人提供的材料和工程设备不符合合同要求	√	√	√
6	基准资料的错误	√	√	√
7	增加合同工作内容	√	√	√
8	改变合同中任何一项工作的质量要求或其他特性	√	√	√
9	发包人迟延提供材料、工程设备或变更交货地点	√	√	√
10	因发包人原因导致的暂停施工	√	√	√
11	提供图纸延误	√	√	√
12	未按合同约定及时支付预付款、进度款	√	√	√
13	异常恶劣的气候条件	√		
14	发包人原因暂停施工	√	√	√
15	发包人原因无法按时复工	√	√	√

标准施工合同中应给承包人补偿的条款　　　　表 7-2

续表

序号	主要内容	可补偿内容		
		工期	费用	利润
16	发包人原因导致工程质量缺陷	✓	✓	✓
17	隐蔽工程重新检验质量合格	✓	✓	✓
18	发包人提供的材料和设备不合格，承包人采取补救	✓	✓	✓
19	对材料或设备的重新试验或检验证明质量合格	✓	✓	✓
20	附加浮动引起的价格调整		✓	
21	法规变化引起的价格调整		✓	
22	发包人提前占用工程导致承包人费用增加	✓	✓	✓
23	发包人原因试运行失败，承包人修复		✓	✓
24	因发包人违约承包人暂停施工	✓	✓	✓
25	不可抗力停工期间的照管和后续清理		✓	
26	因不可抗力不能按期竣工	✓		

（2）发包人的索赔

发包人的索赔包括承包人应承担责任的赔偿扣款和缺陷责任期的延长。

引导问题 8

什么是合同终止？若合同没法正常终止只能发生合同解除时，应进行哪些工作？（以施工合同为例）

小提示

合同终止是指因发生法律规定或当事人约定的情况，使合同当事人之间的权利义务关系消灭，使合同的法律效力终止。合同当事人双方在合同关系建立以后，因一定的法律事实的出现，使合同确立的权利义务关系消灭的法律名词。

因投资人原因导致施工合同解除时，全过程工程咨询单位或其发包的监理单位应按施工合同约定与投资人和施工单位按下列款项协商确定施工单位应得款项，并应签发工程款支付证书。

（1）施工单位按施工合同约定已完成的工作应得款项。

（2）施工单位按批准的采购计划订购工程材料、构配件、设备的款项。

（3）施工单位撤离施工设备至原基地或其他目的地的合理费用。

（4）施工单位人员的合理遣返费用。

（5）施工单位合理的利润补偿。

（6）施工合同约定的投资人应支付的违约金。

因施工单位原因导致施工合同解除时，项目监理单位应按施工合同约定，从下列款项中确定施工单位应得款项或偿还投资人的款项，并应与投资人和施工协商后，书面提交施工单位应得款项或偿还投资人款项的证明：

（1）施工单位已按施工合同约定实际完成的工作应得款项和已给付的款项。

（2）施工单位已提供的材料、构配件、设备和临时工程等的价值。

（3）对已完工程进行检查和验收、移交工程资料、修复已完工程质量缺陷等所需的费用。

（4）施工合同约定的施工单位应支付的违约金。

因非投资人、施工单位原因导致施工合同解除时，项目监理单位应按施工合同约定处理合同解除后的有关事宜。

 引导问题 9

什么是合同后评价？它的内容是什么？

 小提示

按照合同生命期管理的要求，合同执行后必须进行合同后评价，将合同签订和执行工作中的利弊得失、经验教训总结出来，提出分析报告，作为以后工程合同管理的借鉴。

合同评价包括以下 4 项内容：

（1）合同签订情况评价

预期的合同策划是否正确？是否已经顺利实现？招标文件分析和合同风险分析的准确程度；该合同环境调查实施方案、工程预算以及报价方面的问题及经验教训；合同谈判中的问题及经验教训，以后签订同类合同的注意点；各个相关合同之间的协调问题等。

（2）合同执行情况评价

本合同执行战略是否正确？是否符合实际？是否达到了预想结果？在本合同执行中出现了哪些特殊情况？应采取什么措施防止、避免或减少损失？合同风险控制的利弊得失；各个相关合同在执行中的协调问题等。

（3）合同管理工作评价

这是对合同管理本身，如工作职能、程序、工作成果的评价。内容包括合同管理工作对工程项目的总体贡献或影响；合同分析的准确程度；在投标报价和工程实施中，合同管理子系统与其他职能的协调问题，需要改进的地方；索赔处理和纠纷处理的经验教训等。

（4）合同条款分析

合同条款分析主要对本合同的具体条款，特别对本工程有重大影响的合同条款的表达

和执行，分析利弊得失；本合同签订和执行过程中所遇到的特殊问题的分析结果；对具体的合同条款如何表达更为有利等。

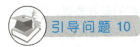 引导问题 10

合同管理的措施是什么？

 小提示

（1）严格执行建设工程合同管理法律法规

随着《中华人民共和国民法典》《中华人民共和国招标投标法》《中华人民共和国建筑法》及系列建设行政法规、规章，地方性建设法规的颁布与实施，建设工程合同管理的法律体系已基本健全。然而，在工程项目建设实施过程中，仍会暴露出许多问题，有待我们通过与合同相关的法律法规、规章制度、规范标准去解决，通过合同相关条款去约束双方的行为。在当前市场经济环境下，只有严格依法执行建设工程的合同相关条款、规范合同管理，才能有效提高建设工程合同管理的水平，才能预防和解决工程领域出现的诸多问题。

（2）建立健全合同目标管理制度

工程建设是一个极为复杂的社会生产过程，由于现代社会化大生产和专业化分工，许多单位都会参与到工程建设中，期间各类合同则是维系和规范各参与单位之间关系的纽带桥梁。为了全面、高效地管理工程项目合同，使其标准化、规范化、制度化，应针对项目量身定制一套完善的合同管理制度体系，对全面完成工程项目的合同管理工作十分必要。

合同管理制度一般包括项目合同归口管理制度、考核制度、合同用章管理制度、合同台账及归档制度等。

（3）培养合同管理人员

在现代市场经济条件下，不论是施工阶段的监理工程师、项目经理，还是建设工程各个阶段的咨询工程师、合同管理人员、合同当事人，都应当学习掌握与合同相关的法律知识，增强合同观念和合同意识，在工程实践中不断培养出懂法律、会管理的合同管理人员，不断强化建设工程合同管理工作。

（4）建立合同履约保证体系

全过程工程咨询管理机构，应对合同的履行情况进行动态分析、全面落实合同管理责任、严格合同交底制度，实施有效的合同监督，进行合同跟踪、项目竣工后进行合同评价、总结项目投资决策机制、规范管理过程。在合同执行过程中，建立并完善合同履约保证体系，分析比较合同文件与执行产出的偏差，采取有针对性的纠偏措施，及时总结合同履行中的经验教训，为后续项目合同管理积累宝贵经验。

（5）推行合同示范文本制度

推行合同示范文本制度，一方面有助于当事人了解、掌握有关法律、法规，避免合同出现漏项及显失公平条款的出现。另一方面还有利于行政管理机构对合同履约的有效监督，有助于仲裁机构或人民法院处理、仲裁、判决合同出现的纠纷，有效维护当事人的合法权益。

7.5 能力训练

（1）任务下达

根据给定的工程项目，进行合同管理，编制合同管理用表。

（2）步骤交底

本案例中，××国家旅游度假区基础设施建设开发中心开发建设的某地块规划建设36班小学项目开工后，××工程咨询有限公司对该项目进行合同管理。

第一步，编制项目合同管理策划。

这部分内容详见领域2情境9项目策划。这里仅介绍合同管理体系的建立。

依据项目的特点制定合适的项目合同管理体系，可参照引导问题4中常用的合同管理组织结构模式进行选择。投资人与全过程咨询单位在签署合同后，因投资人参与或者不参与项目建设管理，合同管理的组织结构模式就发生了变化。根据具体项目投资人的参与程度制定适宜的项目合同管理体系对于顺利进行合同管理尤为重要。

案例中，该项目属于中小型项目，因此××工程咨询有限公司选用了直线式的合同管理组织结构模式，建立该小学项目的合同管理体系，如图7-3所示。并确定了该项目合同管理人员，见表7-3。

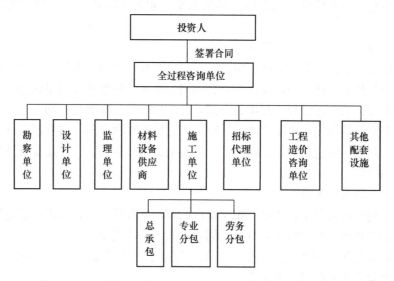

图 7-3　某地块规划建设 36 班小学项目合同管理组织结构模式

合同管理人员分工表　　　　　　　　　　　　　　　　　　　表 7-3

合同名称	合同评审员	合同批准人	合同管理接洽人
勘察合同	×××	×××	×××
设计合同	×××	×××	×××
监理合同	×××	×××	×××

合同名称	合同评审员	合同批准人	合同管理接洽人
施工合同	×××	×××	×××
招标代理合同	×××	×××	×××
采购合同	×××	×××	×××
造价咨询合同	×××	×××	×××
……			

第二步，评审合同文件。

案例中，××工程咨询有限公司对各项合同进行了评审，对合同实施条件和风险进行确认，扫除合同履行过程中的不确定因子，有效减少或规避合同签订和履行的相关风险。

在评审合同文件时，一般采用合同评审表的方式进行，见表7-4。

合同评审表　　　　　　　　　　　　　　　　　　表7-4

No：　01　

合同名称	某地块规划建设36班 小学项目施工合同	合同编号	×××
评审方式	☑会议评审 □协调评审	评审日期	××年 ××月××日

需评审的非常规内容	评审意见	评审员
材料价格上涨	在施工合同中约定涨幅在5%以内的（含5%），不做价格调整；涨幅在5%以上的，按照市场价调整	李工
乙方材料供应不及时而拖延工期	工期不顺延并处每天2000元罚金	李工
……		

评审结果处理	评审结果：□承诺　☑修订　□拒绝　□其他 跟踪措施： 　　在施工合同中专用条款中约定。 　　　　批准人：×××　　　　　　　××年××月××日
备注	

该项目分别与勘察单位签订了勘察合同，与设计单位签订了设计合同，与监理单位签订了监理合同，与材料设备供应商签订了采购合同，与施工单位签订了施工合同，与招标代理的单位签订了招标代理合同，与工程造价咨询单位签订了造价咨询合同等。每一项合同均可采用上述合同评审表进行合同内容的评审。

表7-4的合同评审表是关于施工合同的评审。该项目在施工合同评审过程中发现该项目可能存在材料价格上涨和乙方材料供应不及时而拖延工期等多项风险。评审员针对材料价格上涨，给出在施工合同中约定涨幅在5%以内的（含5%），不做价格调整；涨幅在5%以上的，按照市场价调整的评审意见；针对乙方材料供应不及时而拖延工期，给出了在施工合同中约定工期不顺延并处每天2000元罚金的评审意见。经批准人批准后，在施工合同专用条款中进行约定。

第三步，合同管理实施。

在合同管理实施开始时，将项目中各合同要素填写在合同管理汇总表中，见表7-5。

合同管理汇总表　　　　　　　　　表7-5

合同名称	承包范围/工作内容	责任人			附件编号
		法人代表	合同履行人	合同管理接洽人	
勘察合同	……	×××	×××	×××	01
设计合同	……	×××	×××	×××	02
监理合同	……	×××	×××	×××	03
材料设备供应合同	……	×××	×××	×××	04
施工合同（总承包）	……	×××	×××	×××	05
专业分包（幕墙）	……	×××	×××	×××	06
劳务分包	……	×××	×××	×××	07
招标代理合同	……	×××	×××	×××	08
造价咨询合同	……	×××	×××	×××	09

合同管理汇总表的编制要先将项目中所有的合同整理出来，如本项目就整理了包括勘察合同、设计合同、监理合同、材料设备供应合同、施工合同（总承包）、专业分包（幕墙）、劳务分包、招标代理合同、造价咨询合同等9项合同。

将每项合同中需重点关注的内容如承包范围/工作内容、责任人（法人代表、合同履行人、合同管理接洽人）及附件编号等做好摘录，便于进行合同管理时快速查找对应单位的承包范围或工作内容以及相关责任人。

各项合同在实施过程中应按照合同管理用表逐项进行记录，主要约定一般将合同文本中"专用合同条款"内容摘录，便于进行合同管理。

如在施工合同管理时，将施工合同文本的主要约定中涉及人员、支付、结算、变更、索赔、违约以及特殊的其他专用条款进行了整理摘录；并将合同管理实务中变更、索赔、告知等特殊事项按照时间、事件、结论进行了及时记录。将专用条款主要约定摘录的目的是作为合同管理的依据；将合同管理实务中发生的特殊事项进行记录的目的为了更直观地进行合同管理，见表7-6。

施工合同管理用表　　　　　　　　　　表 7-6

工程名称	某地块规划建设36班小学	合同名称	某地块规划建设36班小学建安工程施工合同	标的	21551万元	订立时间	2021年1月1日

主要约定	人员	施工单位项目经理×××		
	支付	26. 工程款（进度款）支付 双方约定的工程款（进度款）支付的方式和时间： （1）发包人不支付预付款； （2）完成至±0.000时支付已完工作量70%； （3）按月支付已完工作量的70%；结顶时工程款支付至已完工程量的75%； ……		
	结算	33. 竣工结算 33.1　竣工结算报告及结算资料的要求： ……		
	变更	29. 工程设计变更 29.1　发包人有权根据需要随时提出工程设计变更，承包人必须接受； ……		
	索赔	专用条款五具体说明，即按通用条款执行，除通用条款约定外，不再额外增加索赔条款		
	违约	35. 违约 35.1　本合同中关于发包人违约的具体责任如下： 　本合同通用条款第26.4款约定发包人违约应承担的违约责任：每延迟一天按应付款的万分之二支付违约金。 　本合同通用条款第33.3款约定发包人违约应承担的违约责任：每延迟一天按应付款的万分之二支付违约金。 ……		
	其他	39. 不可抗力 ……		
合同管理实务	变更	时间	事件	结论
		××年××月××日	缩短工期30天	同意
		××年××月××日	增加景观施工图纸	同意
		××年××月××日	与老校区连接设计变更	同意
	索赔	××年××月××日	台风	同意
		××年××月××日	中考禁止施工	同意
		××年××月××日	高考禁止施工	同意
		××年××月××日	建设单位未提供配电部分图纸	同意
		××年××月××日	建设单位未及时提供甲供材料	同意
	告知			
	其他			

（3）工作实施

根据老师指定的项目情况，参照步骤交底，按照工作用表编制项目的合同管理汇总表和合同管理用表，进行合同管理，见表7-7、表7-8。

合同管理汇总表   表 7-7

合同名称	承包范围/工作内容	责任人			附件编号
		法人代表	合同履行人	合同管理接洽人	

××合同管理用表   表 7-8

工程名称			合同名称		标的		订立时间	
主要约定	人员							
	支付							
	结算							
	变更							
	索赔							
	违约							
	其他							
合同管理实务			时间		事件		结论	
	变更							
	索赔							
	告知							
	其他							

7.6 评价反馈：相关表格详见课程学习导言。

学习情境 8　技　术　管　理

8.1　学习情境描述

×× 国家旅游度假区基础设施建设开发中心开发建设的某地块规划建设 36 班小学项目开工后，该开发中心委托 ×× 工程咨询有限公司进行全过程工程咨询服务。在项目建设管理中，该工程咨询公司开展了编制技术规格书、编制采购技术参数、确定技术管理措施等技术管理策划工作；组织、指导、监督技术管理策划的落实和相关培训；确定项目技术管理措施，控制各种变更风险；进行项目技术应用活动，特别对新技术、新材料、新工艺和新产品的应用进行了应用管理。最终，对项目技术应用结果进行验收。

技术管理学习情境描述

8.2　学习目标

根据实际项目能进行技术管理工作，主要包括以下几项内容：

（1）能编制项目技术管理策划；

（2）能编制技术规格书；

（3）会审核施工过程的技术文件的审批情况；

（4）能编制采购的技术参数表；

（4）能编制管理登记表、任务下达表、任务检查、督促、纠偏表等；

（5）能编制新技术、新材料、新工艺和新产品的应用管理用表。

8.3　任务书

根据给定的工程项目，开展技术管理工作。

8.4　工作准备

引导问题 1

什么是技术管理？它的作用是什么？成果的表现形式是什么？

小提示

技术管理就是在项目施工全过程中运用计划、组织、指挥、协调和控制等管理职能，促进技术工作的开展，贯彻国家的技术政策、技术法规和上级有关技术工作的指示与决定，动态地组织各项技术工作，优化技术方案，推进技术进步，使施工生产始终在技术标准的控制下按设计文件和图纸规定的技术要求进行，使技术规范与施工进度、质量、安全、环保与成本达到统一。

其主要作用是对各项技术活动过程和技术工作的各种要素进行科学管理，保证安全、优质、低耗、高效地按期完成项目施工任务。

技术管理成果的表现形式是编制技术管理用表，确保技术工作在技术标准控制下按技术要求进行。

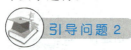

引导问题 2

技术管理的内容是什么？

小提示

技术管理的主要工作包括项目技术管理策划，技术规格书编制，施工过程的技术管理、采购的技术管理和新技术、新材料、新工艺和新产品的应用管理。

全过程工程咨询单位在项目实施前，应对工程项目技术管理进行策划，策划的主要内容有技术管理目的、原则、组织机构和人员职责、相关制度、流程等。

技术规格书编制应包括工程实施所依据标准、工程的质量保证措施、工程实施所需要提交的资料、现场抽检复试计划和方式、工程所涉及材料、设备的具体规格、型号与性能要求，特种设备还应补充供货商信息、各工序标准、施工工艺与施工方法和分部、分项工程质量检查验收标准等内容。

施工过程的技术管理主要是针对施工组织设计、施工专项方案和施工措施等技术文件进行审核管理。

采购的技术管理主要是对采购所涉及材料和设备的具体规格、型号、性能要求及供货商信息等进行管理。

针对新技术、新材料、新工艺和新产品的应用管理，全过程工程咨询单位应监督实施方案的落实工作，并根据情况指导相关培训工作。依据项目技术管理措施，全过程工程咨询单位应组织项目技术应用结果的验收活动，控制各种变更风险，确保施工过程技术管理满足规定要求。

全过程工程咨询单位应按照工程进度收集、整理项目实施过程中的各类技术资料，按类存放，完整归档。

引导问题 3

技术管理的方法是什么？

 小提示

本着经济性、安全性、适用性和先进性的原则，按照技术人才、技术装备、技术规程、技术信息、技术资料、技术档案等要素进行分类管理。技术管理应首先识别需求，制订相关实施方案；其次，确保实施方案的有效落实，必要时应组织进行评审和验证；再次，评估工程变更对实施方案的影响，并采取相关改进措施；最后，检查实施方案的执行情况，明确相关改进措施。

8.5 能力训练

技术管理
能力训练

（1）任务下达

根据给定的工程项目，进行技术管理，编制项目技术管理策划，编制技术规格书，审核施工过程的技术文件的审批情况；编制采购的技术参数表；编制新技术、新材料、新工艺和新产品的应用管理用表。

（2）步骤交底

本案例中，××国家旅游度假区基础设施建设开发中心开发建设的某地块规划建设36班小学项目开工后，××工程咨询有限公司对该项目进行技术管理。根据项目实际情况，该工程咨询有限公司编制项目技术管理策划，编制技术规格书，审核施工过程的技术文件的审批情况；编制采购的技术参数表；编制管理登记表、任务下达表、任务检查、督促、纠偏表等；编制新技术、新材料、新工艺和新产品的应用管理用表。

第一步，编制项目技术管理策划。这部分内容详见领域2情境9项目策划。

第二步，编制技术规格书。

案例中，××工程咨询有限公司收集了某地块规划建设36班小学项目的有关的技术标准、措施、方法等，将其按序填入技术规格书，见表8-1。

技术规格书 表8-1

技术规格书条目		本工程涉及内容
1. 工程实施所依据标准	1. 法律法规	《中华人民共和国建筑法》《中华人民共和国安全生产法》《建设工程质量管理条例》《建设工程安全生产管理条例》……
	2. 国家标准	《建筑工程施工质量验收统一标准》GB 50300—2013、《建筑地基基础工程施工质量验收标准》GB 50202—2018、《混凝土结构工程施工质量验收规范》GB 50204—2015……
	3. 地方标准	《浙江省工程质量管理标准化工作的实施方案》《浙江省建设工程施工现场安全管理台账》……
	4. 勘察、设计文件	某地块规划36班小学一期岩土工程勘查报告、某地块规划36班小学一期建筑施工图、某地块规划36班小学一期结构施工图……
	5. 其他	—

续表

技术规格书条目		本工程涉及内容
2. 工程的质量保证措施	1. 组织措施	1. 建立健全实施动态控制的组织机构 2. 建立健全实施动态控制的规章制度 ……
	2. 技术措施	1. 对施工组织设计进行审查 2. 采用信息化技术实施动态控制 ……
	3. 合同措施	1. 选择合理的承发包模式 2. 动态跟踪合同执行情况 ……
	4. 经济措施	1. 编制和实施资金使用计划 2. 对工程变更方案进行技术经济分析 ……
3. 工程实施所需要提交的资料	1. 勘察文件	某地块规划 36 班小学一期岩土工程勘查报告……
	2. 设计文件	某地块规划 36 班小学一期建筑施工图、某地块规划 36 班小学一期结构施工图……
	3. 周边管线图纸	某某道路地下管线测绘报告……
	4. 其他	

技术规格书条目	序号	原材、构配件名称	规格	抽样数量	抽样方式
4. 现场抽检复试计划和方式	1	钢筋	HRB400（16）	60t/批	每批从 2 根钢筋中截取各 2 根为一组（两根拉力、两根冷弯），在距钢筋端头不小于 50cm 处截取
	2	水泥	425	200t/批	随机从不少于 20 袋装中抽取等量水泥，经拌合均匀后，再从中称取不少于 12kg 水泥，用留样筒包装送检
	……				

	序号	实体抽样	抽样部位	抽样数量	抽样方式
	1	桩基静载	工程桩	不少于 1%，且不少于 3 根	按照设计图纸要求
	2	桩基动测	工程桩	不少于 30%，且每承台下不少于 1 根	随机
	……				

技术规格书条目	序号	材料、设备名称	规格	型号	性能	供货商信息
5. 工程所涉及材料、设备的具体规格、型号与性能要求，特种设备还应补充供货商信息	1	钢筋	16	HRB400	—	××公司
	2	扶梯	22.9m	Hp61	最高速度 1.75m/s，最大载重 1600kg	××公司
	……					

续表

技术规格书条目	本工程涉及内容			
	工序	施工工艺	施工方法	施工标准
6. 各工序标准、施工工艺与施工方法	基础阶段	钻孔灌注桩：桩位放线→护筒埋设→桩机就位→开孔对中→终孔→一清→提钻杆→下钢筋笼→下导管→二清→水下混凝土浇筑→静载、声测等功能性试验	(1) 施工前准备工作 1) 场地平整、清除杂物，回填土应夯打密实。 2) 设置闭合导线网，达到规范要求精度，经验收合格后，导线点作为桩位点放样的基准点。 3) 挖泥浆池、沉淀池、储水池、准备泥浆。 4) 接通水、电。 5) 机架就位：机架要平直，机座垫稳。 6) 泥浆指标：密度1.1~1.2左右。 (2) 钻孔 1) 钻具联结要牢固、铅直，初期钻进速度不要太快，在孔深4.0m以内，不超过2m/h，以后不要超过3m/h。在覆盖层始终要减压钻进，钻进速度与泥浆排放量相适应。冲孔钻在开孔时要慢，孔深2.0m以内，不超过1.5m/h。 2) 钻进过程中，经常测试泥浆指标变化情况，并注意调整钻孔内泥浆浓度。 3) 经常检查机具运转情况，发现异常情况立即查清原因，及时处理。钢丝绳和润滑部分必须每班检查一次。 4) 小工具如扳手、榔头、撬棍用保险绳拴牢，防止掉入孔内。 5) 经常注意观察钻孔内附近地面有无开裂或桩架是否倾斜。当出现钻杆跳动，机架摇晃，钻不进尺等异常情况时，应立即停车检查，查找原因，采取相应措施处理好。 6) 严格遵守操作技术规程，做好钻孔记录。记录中要反映泥浆变化。 7) 钻至设计深度时，由监理工程师在现场与施工单位有关人员共同判断并准确测定孔深。以此作为终孔标高的依据。 (3) 清孔 1) 钻孔到设计深度，施工单位提出终孔，由现场监理工程师决定，并进行孔径、孔偏斜度、孔深的验收。 2) 清孔方法是用原浆换浆法清孔，当钻到设计孔深时，使钻机空转不进尺，同时射水，待孔底残余的泥块已磨成浆排出，或以手触泥浆，无颗粒感觉即可认为清孔已合格。 3) 清孔时应保持钻孔内泥浆面高于地下水位1.5~2.0m防止塌孔。 4) 清孔达到要求，由监理工程师再次验收孔深、泥浆和沉渣厚度。经监理工程师签证，同意隐蔽，浇筑混凝土，再进行下道工序。 (4) 钢筋笼制作与安装 1) 钢筋进场必须具有合格证，每批材料，每种规格均需抽样检查合格后方可使用。 2) 钢筋笼制作必须严格按设计图和规范要求执行。一般钢筋笼用焊接方法，个别连接点用绑扎。要保证主钢筋保护层厚度	《钻孔灌注桩施工技术标准》T/CECS 592—2019

技术规格书条目	本工程涉及内容			
	工序	施工工艺	施工方法	施工标准
6. 各工序标准、施工工艺与施工方法	基础阶段	钻孔灌注桩：桩位放线→护筒埋设→桩机就位→开孔对中→终孔→一清→提钻杆→下钢筋笼→下导管→二清→水下混凝土浇筑→静载、声测等功能性试验	3）钢筋笼的加强箍必须与主筋焊牢，焊条一般用5字头型号，以保证钢筋笼焊接质量。钢筋笼在安装过程中不能变形。 4）钢筋笼用升降机吊放，且人工扶正。 5）钢筋笼顶端要焊吊挂筋，高出桩孔顶部。 （5）浇筑水下混凝土 1）用法兰盘连接导管浇筑水下混凝土。导管使用前试拼，并做封闭水试验（0.3MPa），15min不漏水为宜。仔细检查导管的焊缝和隔水栓。 2）导管安装时底部应高出孔底30～1250px。导管埋入混凝土内深度2～3m，最深不超过4m，最浅不小于1m，导管提升速度要慢，要避免碰动钢筋笼。 3）开管前要备足相应的混凝土数量以满足导管埋入混凝土深度的要求。 4）混凝土坍落度为16～500px，以防堵管。 5）混凝土要连续浇筑，中断时间不超过30min，浇筑过程中要采取有效措施防止钢筋笼上浮。浇筑的桩顶标高应高出设计标高0.5m以上。 6）施工中应保证场地清洁卫生，泥浆不可到处外溢，泥渣应及时清除。 （6）桩头处理 采用空压机风镐的方法破碎桩头。先将标高线准确测出，在桩上做出明显的标记，破碎桩头时不得超过标记线，处理后的桩头表面应平整，标高应准确	《钻孔灌注桩施工技术标准》T/CECS 592—2019
		……		
	主体阶段			
	装修阶段			
	其他			
7. 分部、分项工程质量检查验收标准	地基与基础	《建筑地基基础工程施工质量验收标准》GB 50202—2018 ……		
	主体	《混凝土结构工程施工质量验收规范》GB 50204—2015 《砌体结构工程施工质量验收规范》GB 50203—2011 《钢结构工程施工质量验收标准》GB 50205—2020 ……		
	屋面	《屋面工程质量验收规范》GB 50207—2012 ……		

续表

技术规格书条目		本工程涉及内容
7. 分部、分项工程质量检查验收标准	装饰装修	《建筑地面工程施工质量验收规范》GB 50209—2010 《建筑装饰装修工程质量验收标准》GB 50210—2018 ……
	电气	《建筑电气工程施工质量验收规范》GB 50303—2015 ……
	给水排水	《建筑给水排水及采暖工程施工质量验收规范》GB 50242—2002 ……
	通风	《通风与空调工程施工质量验收规范》GB 50243—2016 ……
	电梯	《电梯工程施工质量验收规范》GB 50310—2002 ……
	智能	《智能建筑工程质量验收规范》GB 50339—2013 ……
	节能	《建筑节能工程施工质量验收标准》GB 50411—2019 ……

技术规格书的编制有相当的难度。不仅要掌握工程所依据的法律法规规范，还要掌握对应的地方标准等。工程的质量保证措施、工程实施所需要提交的资料、现场抽检复试计划和方式、工程所涉及材料、设备的具体规格、型号与性能要求、工序标准、施工工艺与施工方法等都需要具体项目具体填写。

其中，工程实施所依据标准一般包括法律法规、规范、地方标准、勘察设计文件等；工程的质量保证措施一般参照施工组织设计或施工方案；工程实施所需要提交的资料一般根据合同要求确定，如勘察文件、设计文件、周边管线图纸等；现场抽检复试计划和方式可根据图纸和合同确定；工程所涉及材料、设备的具体规格、型号与性能要求一般参照图纸；工序标准、施工工艺与施工方法等可参照施工组织设计或施工方案等。

技术规格书的编制虽然有难度，但是以它为参照，就可以确保技术工作在技术标准控制下按技术要求进行，从而促进技术工作顺利开展。

第三步，审核施工过程的技术文件的审批情况。

案例中，××工程咨询有限公司对各项技术资料的审批情况进行了审核、编制了审核记录表，见表8-2。

技术资料的审批情况审核记录表　　　　　　　　　　表8-2

序号	审核资料名称		审核情况
1	技术方案类	施工组织设计	资料齐全，签章完整
		……	
2	测量核验资料	工程定位测量放线记录	资料齐全，签章完整
		……	
……			

在技术管理中需要及时审核施工过程中的技术文件的审批情况，主要审核该项资料的审核审批程序是否闭合。如相关技术文件有没有？资料齐不齐全？签章是否完整？技术资料的审批情况的检查也便于后续万一出现项目问题时，可以向相关责任人追责。

第四步，编制采购的技术参数表。

案例中，××工程咨询有限公司对采购进行了技术管理，编制了采购技术参数表，见表8-3。

采购技术参数表   表8-3

序号	材料/设备名称	规格	型号	性能	供货商信息
1	自动扶梯	22.9m	Hp61	最高速度 1.75m/s，最大载重 1600kg	××
2	电梯	187m	EV01	最大运行速度 4.0m/s，最大载重 1600kg	××
......					

技术管理中有一项内容是采购的技术管理。主要是对采购所涉及材料和设备的具体规格、型号、性能要求及供货商信息等进行管理。开展采购的技术管理比较好的方法就是编制采购技术参数表。采购技术参数表的编制可参照图纸和合同等技术资料。

注意这里编制参数表并不是说要一起采购，只是说将项目需要采购的材料和设备具体参数列在表格中，便于后续采购，也便于技术管理工作的开展。采购技术参数表可作为采购和技术管理的依据。

第五步，编制日常技术管理用表。

案例中，该工程咨询有限公司就技术管理工作编制了管理工作登记表（表8-4），任务下达底表（表8-5），和任务检查、督促、纠偏表（表8-6）。

管理工作登记表   表8-4

序号	任务名称	任务下达（时间/责任人）	任务检查（时间/责任人）	任务督促（时间/责任人）	任务纠偏（时间/责任人）	验收归档（时间/责任人）
1	施工组织设计编制	2021.1.1/王工	2021.1.10/王工	2021.1.10/王工	2021.1.12/张工	2021.1.14/李工
2	图纸会审	2021.1.8/王工	2021.1.10/王工	—	—	2021.1.10/李工
3	规范依据整理	2021.1.10/王工	2021.1.20/王工	—	—	2021.1.20/李工
4	钻孔灌注桩方案编制	2021.1.1/王工	2021.1.10/王工	—	—	2021.1.10/李工

任务下达交底表　　　　　　　　　表 8-5

任务名称	施工组织设计编制		
负责人	张工		
下达时间	2021 年 1 月 1 日		
完成时间	2021 年 1 月 10 日		
任务交底（具体要求）	根据设计图纸结合现场踏勘情况编制施工组织设计，要求： 1. 编审程序应符合相关规定，内容完整并符合施工合同、图纸和规范等相关要求； 2. 施工进度、施工方案及工程质量保证措施应符合施工合同要求； 3. 资金、劳动力、材料、设备资源供应计划应满足工程施工需要； 4. 安全技术措施应符合工程建设强制性标准； 5. 施工总平面布置应科学合理，施工临时设施的安全性，起重、运输设置，施工道路布置，临时用水、用电、动力供应的可行性		
交底人	王工	被交底人	张工

任务检查、督促、纠偏表　　　　　　表 8-6

任务名称	施工组织设计编制
负责人	张工
要求完成时间	2021 年 1 月 10 日
任务执行情况检查 （完成/未完成督促）	经检查，施工组织设计中资金计划不能满足总进度计划中各节点的需求
未完成纠偏措施	调整后重新上报
纠偏督促人	王工
纠偏督促时间	2021 年 1 月 10 日
纠偏督促效果	重新进行了修改，符合要求
任务完成时间及效果	2021 年 1 月 14 日

　　管理工作登记表、任务下达交底表、任务检查、督促、纠偏表这些管理用表是所有管理工作的常用表。

　　管理工作登记表，就是罗列了谁在什么时间做了哪项任务？谁又来检查？没完成的工作谁来督促？谁来纠偏？谁来验收管理工作必须在规定的时间内责任到人，要不然都是空谈。做了这样的管理登记，能清楚地知道每个环节的进展，也能清楚地知道哪个环节谁出现了滞后。

　　任务下达交底表的编制可以将任务明确下达给对应的人，防止出现扯皮现象，谁什么时间内完成什么任务。

　　任务检查、督促、纠偏表明确了谁来检查、督促、纠偏等，从而让管理工作闭合，使管理工作顺利开展。

　　具体关于管理工作登记表、任务下达交底表、任务检查、督促、纠偏表这些管理用表的填写训练将在本教材情境 9 中进度、质量、投资、安全和环境管理中介绍。

　　第六步，编制新技术、新材料、新工艺和新产品的应用管理用表。

案例中，该工程咨询有限公司编制新技术、新材料、新工艺和新产品的应用管理用表，监督实施方案的落实，并指导相关培训工作。为便于"四新"技术的应用管理，编制了"四新"技术应用管理用表，见表8-7。

"四新"技术应用管理用表   表8-7

序号	"四新"技术名称	方案落实情况	整改情况
1	高性能混凝土技术	编制中	2021.4.20编制完成
2	新型模板和脚手架技术	已落实	
......			

项目上如果有使用"四新"技术的，就需要编写"四新"技术应用管理用表。"四新"技术一般是项目上的重难点，需要及时重点关注，额外重点管理。管理的重点一般就是对应的技术方案有没有落实？需不需要整改？

（3）工作实施

根据老师指定的项目情况，参照步骤交底，按照工作用表，编制项目技术管理策划，编制技术规格书，审核施工过程的技术文件的审批情况；编制采购的技术参数表；编制管理登记表、任务下达表、任务检查、督促、纠偏表等；编制新技术、新材料、新工艺和新产品的应用管理用表。工作用表见表8-8～表8-14。

技术规格书   表8-8

技术规格书条目	本工程涉及内容				
1. 工程实施所依据标准	1. 法律				
	2. 规范				
	3. 地方标准				
	4. 勘察、设计文件				
	5. 其他				
2. 工程的质量保证措施	1. 组织措施				
	2. 技术措施				
	3. 合同措施				
	4. 经济措施				
3. 工程实施所需要提交的资料	1. 勘察文件				
	2. 设计文件				
	3. 周边管线图纸				
	4. 其他				
4. 现场抽检复试计划和方式	序号	原材、构配件名称	规格	抽样数量	抽样方式
	序号	实体抽样	抽样部位	抽样数量	抽样方式

续表

技术规格书条目	本工程涉及内容					
5. 工程所涉及材料、设备的具体规格、型号与性能要求，特种设备还应补充供货商信息	序号	材料、设备名称	规格	型号	性能	供货商信息
6. 各工序标准、施工工艺与施工方法	工序	施工工艺		施工方法		施工标准
	基础阶段					
	主体阶段					
	装修阶段					
	其他					
7. 分部、分项工程质量检查验收标准	地基与基础					
	主体					
	屋面					
	装饰装修					
	电气					
	给排水					
	通风					
	电梯					
	智能					
	节能					

施工过程技术文件审核记录表　　　　　　　　表 8-9

序号	审核资料名称	审核情况
1	技术方案类	
2	测量核验资料	
......		

采购技术参数表 表 8-10

序号	材料/设备名称	规格	型号	性能	供货商信息

管理工作登记表 表 8-11

序号	任务名称	任务下达 （时间/责任人）	任务检查 （时间/责任人）	任务督促 （时间/责任人）	任务纠偏 （时间/责任人）	验收归档 （时间/责任人）

任务下达交底表 表 8-12

任务名称	
负责人	
下达时间	
完成时间	
任务交底（具体要求）	

交底人		被交底人	

任务检查、督促、纠偏表　　　　　　　　　　表 8-13

任务名称	
负责人	
要求完成时间	
任务执行情况检查 （完成/未完成督促）	
未完成纠偏措施	
纠偏督促人	
纠偏督促时间	
纠偏督促效果	
任务完成时间及效果	

"四新"技术应用管理用表　　　　　　　　　表 8-14

序号	"四新"技术名称	方案落实情况	整改情况

8.6　评价反馈：相关表格详见课程学习导言。

学习情境 9　进度、质量、投资、安全和环境管理

9.1　学习情境描述

　　××国家旅游度假区基础设施建设开发中心开发建设的某地块规划建造 36 班小学项目开工后，该开发中心委托××工程咨询有限公司进行全过程工程咨询服务。在项目建设管理中，该工程咨询有限公司对项目建设的进度、质量、投资、安全和环境进行管理。该工程咨询有限公司组织建立整个项目的管理体系，设立进度、质量、投资、安全和环境等的管理部门，配置管理人员；对项目建设进度、质量、投资、安全和环保等管理等进行策划、实施、检查，持续改进完成进度、质量、投资、安全和环境管理等管理目标。

9.2　学习目标

　　根据实际项目能进行进度、质量、投资、安全和环境管理工作，主要包括以下几项内容：

　　（1）能建立项目管理体系；

　　（2）能编制常用进度、质量、投资、安全和环境管理节点表；

　　（3）能编制进度、质量、投资、安全和环境管理计划表；

进度、质量、
投资、安全和
环境管理学习
情境描述

（4）能编制管理登记表、任务下达表、任务检查、督促、纠偏表等。

9.3 任务书

根据给定的工程项目，进行进度、质量、投资、安全和环境管理。

9.4 工作准备

什么是进度、质量、投资、安全和环境管理？它的作用是什么？成果的表现形式是什么？

建设工程项目进度管理是指在全面分析建设工程项目各项工作内容、工作程序、持续时间和逻辑关系的基础上，编制具体可行、经济合理的进度计划，并付诸实施；在进度计划实施过程中，经常检查实际进度是否按计划要求进行，若出现偏差，及时找出原因，通过采取各种有效措施，确保进度目标的实现。

建设工程项目质量管理是指为确保项目按照设计者规定的要求满意地完成，并保证提高建设工程项目质量而进行的一系列管理活动，包括使整个项目的所有功能活动按照质量目标实施，主要通过质量策划、质量控制、质量保证、质量改进所形成的质量管理体系来实现，目的在于以尽可能低的成本，按既定的工期完成一定数量的达到质量标准的建设工程项目。

建设工程项目投资管理是建设工程项目管理的重要组成部分，是在建设工程项目立项，勘察设计，招投标、施工、运营等阶段，把建设工程项目投资控制在批准的投资限额以内，随时纠正发生的偏差，以保证实现建设工程项目投资管理目标，以求在建设工程中能合理使用人力、物力、财力，取得较好的投资效益和社会效益。

建设工程安全管理是指与建设工程安全生产有关的单位在建设工程的新建、扩建、改建和拆除等有关活动中，坚持安全第一、预防为主的方针，采取的计划、组织、指挥、控制、监督、调节和改进等一系列满足生产安全的管理活动。

建设工程环境管理是为了防止建设项目产生新的污染，破坏生态环境，在工程建设中运用计划、组织、协调、控制、监督等手段，采用绿色设计，优先选用绿色技术、建材、机具和施工方法，通过科学管理和技术进步，最大限度地节约资源与减少对环境负面影响的施工活动，实现节能、节地、节水、节材和环境保护。

其主要作用是运用系统的理论和方法，对建设项目进行计划、组织、指挥、协调和控制，从而确保进度、质量、投资、安全和环境管理目标的实现。

进度、质量、投资、安全和环境管理成果的表现形式是编制各项管理用表，确保进度、质量、投资、安全和环境管理工作在管理目标下顺利开展。

 引导问题 2

进度管理的内容是什么？

 小提示

进度管理工作主要包括建立项目进度管理制度，制定进度管理目标；按项目实施过程、专业、阶段或实施周期等进行项目进度管理目标分解；进行进度计划编制、实施、检查与调整；编制进度报告。

进度管理首先是进度计划的管理。工程项目越复杂，专业分工越精细，就越需要全面的综合管理，需要有一个总体的实施进度计划，否则不可能对整个工程项目的建设进度进行合理有效的控制和管理。常见的工程项目进度计划如下：

（1）工程项目综合进度计划

工程项目综合进度计划是一项综合进行进度控制的重要计划。首先，要将项目所有的作业单项按前后顺序排列，明确其相互制约的逻辑关系；然后，计算出每一作业单项所需的工时数，确定各单位工程所需的工期，从而得出整个工程项目所需的总工期，并确保达到计划目标所确定的合理工期。如达不到合同工期要求，要采取有效措施，如改进施工方法、运货途径，增加工作班次等，进行合理调整，同时也要注意控制费用。

（2）工程项目设计进度计划

工程项目设计进度计划是按设计项目对各设计单元进行编号，由有关专业设计组对各设计单元的图纸设计的工作量及其所需的辅助工作量进行估算；然后根据施工进度要求提供图纸的日期，依据设计工作中各专业的工作顺序，安排各个设计单元的进度计划，保证及时供应图纸。

（3）工程项目采购工作进度计划

工程项目采购工作进度计划是根据工程项目的产品工艺流程图、电气仪表系统图等，编制出项目所需的设备清单并编号，按照工程项目总进度计划中对各项设备到达现场的时间要求，确定出各项设备到达施工现场的具体日期。

（4）工程项目施工进度计划

首先，按照预算中各作业单项所需消耗的工时数、计划投入的劳动力和工作班数，求出各作业单项所需的施工工期；然后，按照施工工序的要求，制订出整个工程的施工进度计划，编制出工程项目年度、季度计划和月、旬作业计划。在整个工程的施工进度计划中，对一些关键性的日期，如某分包工程的完工日期、某单位工程的竣工日期、动力车间的供电日期等，应在项目进度计划中标出，使之符合合同工期的要求。

（5）竣工验收和试生产计划

根据工程进度计划和有关方面的资料，在工程竣工后，安排出竣工验收，设备运转试验及生产等一系列活动的日期，以此作为各方共同的工作目标，以便各方做好人力、物力和财力等方面的安排。

根据工程项目的特点，进度计划大都采用图和表的形式来表达将要进行的工作。

进度计划应包括下列内容：

（1）编制说明；

（2）进度计划表；

（3）资源需要量及供应平衡表。

编制进度计划应按下列程序进行：

（1）确定进度计划的目标、性质和任务；

（2）进行工作分解；

（3）收集编制依据；

（4）确定工作的起止时间及节点时间；

（5）编制进度表及进度说明书；

（6）报有关部门批准。

 引导问题 3

进度管理的方式是什么？

 小提示

为保证合同文件约定的工期目标的实现，及工程质量和安全文明施工、工程进度实施的连续性和均衡性，全过程工程咨询单位应按下列程序进行进度管理：

（1）制订进度计划；

（2）进度计划交底，落实责任；

（3）实施进度计划，跟踪检查，对存在的问题分析原因并纠正偏差，必要时对进度计划进行调整；

（4）编制进度报告。

其中，实施进度计划应按下列程序进行：

1）跟踪调查、收集实际进度数据；

2）将实际数据与进度计划进行对比；

3）分析计划执行的情况，对产生的进度变化，采取措施予以纠正或调整；

4）检查措施的落实情况，将进度计划的变更与相关负责人及时沟通。

　　进度计划的检查包括工程量的完成情况、工作时间的执行情况、资源使用及与进度的匹配情况和发现问题的整改情况等内容。

　　进度计划的考核应符合下列规定：

　　（1）对进度计划（月、周计划）的执行情况逐条进行检查，检查进度完成情况并留存检查记录；

　　（2）现场进度与计划进度（月、周计划）不符合时，应及时检查原因并纠偏；

　　（3）当进度（总进度、月进度、周进度）偏离计划时，应及时分析原因并采取纠偏措施。

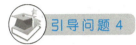 引导问题 4

　　质量管理的内容是什么？

 小提示

　　质量管理工作包括组织建立整个项目的质量管理体系，设立项目质量管理部门，配置质量管理人员；结合项目特点开展质量策划；按照策划、实施、检查、处置的循环过程原理，对设计质量、招标（采购）质量、施工质量进行控制；对事先设置的设计、施工质量控制点进行检查与监测，对质量不符合要求的情况应进行持续跟踪，组织分析原因，研究提出包括方案、工序和工艺等在内的改进措施，督促施工单位予以落实，确保最终质量满足合同要求。

 引导问题 5

　　质量管理的方式是什么？

 小提示

　　项目质量管理应结合项目特点开展质量策划，进行质量控制，实施质量改进，实现项目质量目标。

　　质量策划应分析质量管理重点，制订质量管理目标，编制质量管理计划。其中，质量管理计划应包括质量管理目标及分解、质量要求；质量管理体系和管理职责；质量管理与协调程序；质量控制点的设置与管理；质量管理主要措施和质量文件管理等内容。

质量控制包括对设计质量、招标（采购）质量、施工质量的控制。全过程工程咨询单位应督促施工单位建立完善自身质量管理体系，以事前、事中控制为主，通过对原材料、施工工艺过程等进行管理，保证工程质量。

质量改进包括对事先设置的设计、施工质量控制点进行检查与监测，对质量不符合要求的情况应进行持续跟踪，组织分析原因，研究提出包括方案、工序和工艺等在内的改进措施，督促施工单位予以落实，确保最终质量满足合同要求。

全过程工程咨询项目负责人应根据合同约定及项目质量目标，制订项目创优计划，并组织实施。

引导问题 6

投资管理的内容是什么？

小提示

投资管理工作包括依照合同约定做好建设项目的投资估算、概算和预算的编制或管理工作等全过程、全要素、全方位的投资管理工作。全过程工程咨询单位编制的估算、概算和预算等应符合相应的编制要求。

引导问题 7

投资管理的方式是什么？

小提示

为加强提高投资质量、防范投资风险，提升投资效益，保障项目绩效，全过程工程咨询单位应对项目的建设规模、技术方案、设备方案、工程方案及项目实施进度等进行研究，并估算项目投入的总资金，测算建设期内分年资金的需要量。投资估算应作为制订融资方案、经济评价、编制初步设计概算的依据。项目投资估算编审应内容全面、费用构成完整、计算合理、能够满足项目决策的不同阶段对经济评价的要求，编审依据和方法应符合现行相关标准的要求。全过程工程咨询单位应根据已批准的项目投资估算范围、工程内容和工程标准等要求，支付工程款项。

决策阶段投资管理方法有进行多方案的技术经济比较，择优确定最佳建设方案；建立科学决策体系，合理确定投资估算；客观、认真地作好项目评价；推行和完善项目法人责任制，从源头上控制工程项目投资。

设计阶段投资管理的措施包括运用价值工程控制设计阶段的投资，选择合适的设计标准，推广标准设计和推行限额设计等。

施工阶段投资管理的主要内容包括施工组织设计的审核，工程变更的控制以及正确处理索赔与及时进行反索赔等。

竣工验收阶段投资管理的主要措施是搞好竣工结算与竣工决算。

全过程工程咨询单位应根据合同约定宜借助 BIM 技术实施全过程、全要素、全方位的投资管理。

 引导问题 8

安全管理的内容是什么？

 小提示

安全管理工作在以人为本，安全发展，坚持安全第一、预防为主、综合治理的方针下，应包括确定安全生产管理目标，建立项目安全生产责任制度，健全职业健康安全管理体系，改善安全生产条件；建立专门的安全生产管理机构，配备合格的项目安全管理责任人和管理人员，进行教育培训并持证上岗；根据合同的有关要求，确定项目安全生产管理范围和对象，制订项目安全生产管理计划；对安全生产管理计划内容进行审核，在实施中根据实际情况进行补充和调整；对现场安全生产管理进行检查，定期对项目安全生产状况进行评价，落实整改措施。

 引导问题 9

安全管理的方式是什么？

 小提示

首先，全过程工程咨询单位应对安全生产管理计划内容进行审核，审核应包括下列内容：

（1）针对项目危险源和不利环境因素进行辨识与评估，并根据结果确定对策和控制方案；

（2）对危险性较大的分部分项工程应编制管理方案；

（3）对施工总承包分包人的项目安全生产管理、教育和培训提出要求；

（4）对项目安全生产交底、相关施工总承包制订的项目安全生产方案进行控制的措施；

（5）应急预案。

其次，全过程工程咨询单位应对现场安全生产管理进行检查，检查应符合下列规定：

（1）应落实各项安全管理制度和操作规程，确定各级安全生产责任人；

（2）各级管理人员和施工人员应进行相应的安全教育，依法取得必要的岗位资格证书；

（3）各施工过程应配置齐全劳动防护设施和设备，确保施工场所安全；

（4）作业活动严禁使用国家及地方政府明令淘汰的技术、工艺、设备、设施和材料；

（5）作业场所应设置消防通道、消防水源，配备消防设施和灭火器材，并在现场入口处设置明显标志；

（6）作业现场场容、场貌、环境和生活设施应满足安全文明标准化要求；

（7）食堂应取得卫生许可证，并定期检查食品卫生，预防食物中毒；

（8）应满足各类人员的职业健康需求，防治可能产生的职业和心理疾病。

 引导问题 10

环境管理的内容是什么？

 小提示

环境管理工作应遵循预防为主、防治结合、综合治理的原则。环境管理的工作包括应对周边环境进行调查；监督施工单位在施工过程中采用绿色设计，优先选用绿色技术、建材、机具和施工方法；监督施工单位在施工管理过程中采取环境保护措施，控制施工现场的环境影响，预防环境污染；在施工过程中及竣工后，进行环境管理绩效评价。

 引导问题 11

环境管理的方式是什么？

_____

_____

_____

 小提示

（1）工程施工前，全过程工程咨询单位应对周边环境进行调查，调查应包括下列内容：

1）施工现场和周边环境条件；

2）施工可能对环境带来的影响；

3）制订环境管理计划的其他条件。

在调查的基础上，全过程工程咨询单位应监督施工单位在施工过程中采用绿色设计，优先选用绿色技术、建材、机具和施工方法。

（2）施工过程中，监督施工单位确保施工现场符合下列规定：

1）工程施工方案和专项措施应保证施工现场及周边环境安全、文明，减少噪声污染、光污染、水污染及大气污染；

2）施工过程中应进行垃圾分类，实现固体废弃物的循环利用，有毒有害垃圾应由专人按规定处置；

3）应按照分区划块原则，规范施工污染排放和资源消耗管理，定期进行检查或测量，实现预控和纠偏措施，保证现场良好的作业环境和卫生条件；

4）应针对施工污染源或污染因素，进行环境风险分析，制订环境污染应急预案。

（3）工程竣工后，全过程工程咨询单位应进行环境管理绩效评价。

环境管理绩效评价主要包括对环境绩效评价（作为组织环境管理的一部分）的承诺；对法律要求和其他要求的符合性；组织的成就，包括管理和环境改善；组织的活动、产品和服务；重大环境因素以及环境绩效评价的相关参数；与环境绩效目标有关的信息；与环境绩效评价有关的活动，其目的在于实现管理和环境改善；环境管理和环境绩效评价对组织取得成功的贡献。

9.5 能力训练

（1）任务下达

根据给定的工程项目，进行进度、质量、投资、安全和环境管理，建立项目管理体系；编制常用进度、质量、投资、安全和环境管理节点表；编制进度、质量、投资、安全和环境管理计划表；编制管理登记表、任务下达表、任务检查、督促、纠偏表等。

进度、质量、投资、安全和环境管理能力训练

（2）步骤交底（以施工阶段为例）

本案例中，××国家旅游度假区基础设施建设开发中心委托××工程咨询有限公司进行进度、质量、投资、安全和环境管理。该工程咨询有限公司组织建立整个项目的管理体系，设立进度、质量、投资、安全和环境管理等管理部门，配置管理人员。进度、质量、投资、安全和环境管理按照策划、实施、检查、处置的循环过程原理，持续改进。

第一步，建立项目管理体系。

案例中，××工程咨询有限公司组织建立了整个项目的管理体系，如图9-1所示。并设立进度、质量、投资、安全和环境管理等管理部门，制定管理制度和职责，配置管理人员。

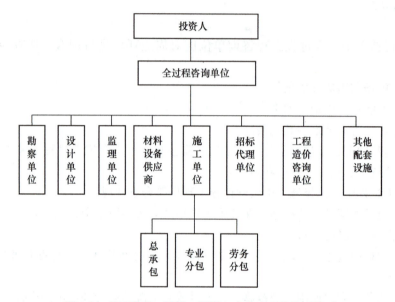

图 9-1 项目进度、质量、投资、安全和环境管理体系

上述管理体系是按照投资人与全过程咨询单位先签订合同，再由全过程咨询单位全面负责该项目进度、质量、投资、安全和环境管理。全过程咨询单位设立管理部门，配置管理人员。全过程咨询单位的管理人员与勘察单位、设计单位、监理单位、材料设备供应商、施工单位、招标代理单位、工程造价咨询单位、其他单位等配置到该项目的技术人员协同进行管理。

第二步，进度、质量、投资、安全和环境管理策划。

案例中，××工程咨询有限公司进行了进度、质量、投资、安全和环境管理策划，编制了项目管理策划书，具体内容详见学习情境15项目策划。这里仅显示常用进度、质量、投资、安全和环境管理节点表（表9-1），进度、质量、投资、安全和环境管理计划表（表9-2）。

常用进度、质量、投资、安全和环境管理节点表　　　　　　　　表 9-1

管理内容	管理节点
进度管理	1. 取得国土使用权证；2. 交地；3. 完成方案设计；4. 完成初步设计；5. 完成施工图设计；6. 红线范围内建筑物拆迁；7. 取得施工许可证；8. 项目开工；9. 完成基础；10. 主体完成；11. 竣工验收等

续表

管理内容	管理节点		
质量管理	施工准备阶段	1. 图纸会审；2. 施工组织设计；3. 技术交底；4. 机具、材料进场；5. 人员资质审查；6. 材料检验、试验；7. 开工报告；8. 轴线标高垂直度等	
	施工阶段	基础工程	1. 钢筋制作绑扎；2. 基础混凝土等
		主体结构施工	1. 模板安装；2. 钢筋绑扎；3. 混凝土浇筑等
		屋面防水	1. 防水层施工等
		装饰工程	1. 楼地面面层、门窗安装等
		电气安装	1. 电气安装等
		水暖安装	1. 上水管试压、下水管试球等
	测试调试阶段	······	
	验收阶段	······	
投资管理	1. 投资估算审核；2. 设计概算审核；3. 招标控制价审核；4. 施工合同审核；5. 工程款支付审核；6. 工程结算审价；7. 竣工决算审计等		
安全管理	1. 检查安全管理体系、安全责任制度落实；2. 检查安全管理人员岗位证书、特殊工种上岗证；3. 专项方案编制、安全保证审核、根据规定是否论证；4. 工人安全教育培训、班前安全技术交底；5. 检查塔吊、物料提升机、吊篮等备案、检测；6. 三宝、四口、五临边防护；7. 脚手架等		
环境管理	1. 检查环境保护管理组织机构；2. 环保教育交底；3. 噪声检查；4. 振动检查；5. 大气污染防治；6. 地面水和泥浆污染防治；7. 施工作业废水和地下水污染防治；8. 固体废弃物的防治；9. 施工中生活垃圾处理；10. 防水、防爆、防毒等		

　　在进行项目建设管理前，将常用进度、质量、投资、安全和环境管理节点整理罗列的好处在于明确知道在什么阶段什么工作内容需要做好哪项管理，清晰直观，便于管理工作的开展。进度、质量、投资、安全和环境管理具有不一样的管理节点，需逐条分别编制。而且具体的项目又因项目建设内容不一致，每个项目的管理节点也存在不同，不能照抄照搬。

　　一般情况下，常用进度、质量、投资、安全和环境管理节点可以从施工组织设计或施工方案中整理摘取。如该项目中安全管理工作中有项关于检查塔吊、物料提升机、吊篮等特种设备的备案和检测，那其他项目中如果没有这些特种设备，就没有这项内容需要重点管理。因此，项目管理节点的设置要全面、合理，不能有遗漏。

　　进度、质量、投资、安全和环境管理计划表中将进度、质量、投资、安全和环境的管理目标具体罗列出来了。其中，项目进度管理目标是按照分部分项工程逐项分解的，进度管理目标即资金计划是按照时间要素分解的。质量管理目标、安全管理目标、环境管理目标可按照合同确定。不同的项目可以按照项目的需求自行编制进度、质量、投资、安全和环境管理计划表，不一定是按照上述格式进行编制。但是，不管是何种样式的进度、质量、投资、安全和环境管理计划表，都应该明确管理目标，作为后续项目建设管理的依据。

表 9-2

进度、质量、投资、安全和环境管理计划表

序号	分部分项工程名称	开始时间	结束时间	月份 1月份	2月份	3月份	4月份	5月份	6月份	7月份	8月份	9月份	质量管理目标	安全管理目标	环境管理目标
1	地基与基础	2021.1.1	2021.2.28										合格	市标化	达标
2	主体结构	2021.3.1	2021.5.31										合格	市标化	达标
3	建筑装饰装修	2021.6.1	2021.9.30										合格	市标化	达标
4	建筑屋面	2021.6.1	2021.7.31										合格	市标化	达标
5	建筑给排水及采暖	2021.1.1	2021.9.30										合格	市标化	达标
6	建筑电气	2021.1.1	2021.9.30										合格	市标化	达标
7	智能建筑	2021.1.1	2021.9.30										合格	市标化	达标
8	通风与空调	2021.1.1	2021.9.30										合格	市标化	达标
9	电梯	2021.7.1	2021.9.30										合格	市标化	达标
10	建筑节能	2021.3.1	2021.9.30										合格	市标化	达标
11	资金计划	计划产值		100	100	120	120	120	150	150	200	120			
		计划应付工程款		80	80	96	96	96	120	120	160	96			
		计划累计支付		80	160	256	352	448	568	688	848	944			

第三步，进度、质量、投资、安全和环境管理实施。

案例中，该工程咨询有限公司在进度、质量、投资、安全和环境管理实施工作中编制了管理工作登记表（表9-3），任务下达交底表（表9-4），任务检查、督促、纠偏表（表9-5）。

管理工作登记表　　　　　　　　　　　　　表 9-3

序号	任务名称	任务下达 （时间/责任人）	任务检查 （时间/责任人）	任务督促 （时间/责任人）	任务纠偏 （时间/责任人）	验收归档 （时间/责任人）
1	2021 年 1 月 15 日开工	2021.1.7/张工	2021.1.14/王工	—	—	2021.1.15/王工
2	2021 年 3 月 15 日 基础完成	2021.1.7/张工	2021.3.1/王工	—	—	2021.3.15/王工
3	2021 年 6 月 15 日 主体完成	2021.1.7/张工	2021.6.10/王工	2021.6.10/王工	2021.7.15/王工	2021.9.15/王工
4	2021 年 9 月 15 日 装修及水电 安装完成	2021.1.7/张工	2021.8.30/王工	—	—	2021.9.15/王工
5	2021 年 9 月 30 日 竣工验收	2021.1.7/张工	2021.9.25/王工	2021.9.25/王工	—	2021.9.30/王工

任务下达交底表　　　　　　　　　　　　　表 9-4

任务名称	主体完成计划		
负责人	张工		
下达时间	2021 年 1 月 7 日		
完成时间	2021 年 6 月 15 日		
任务交底（具体要求）	2021 年 6 月 15 日主体完成		
交底人	黄工	被交底人	张工

任务检查、督促、纠偏表 表 9-5

任务名称	主体完成进度检查
负责人	张工
要求完成时间	2021 年 6 月 15 日
任务执行情况检查 （完成/未完成督促）	6 月 10 日经现场核查，主体工程滞后 1 个月
未完成纠偏措施	装修增加施工班组，平行施工，确保装修完成节点
纠偏督促人	郑工
纠偏督促时间	2021 年 6 月 15 日
纠偏督促效果	基本按要求完成
任务完成时间及效果	2021 年 9 月 15 日

这三张表格在之前的学习情境中已经介绍过了，是所有管理工作的常用表。这三张表在不同的管理工作中发挥的作用是一样的，都是促使管理工作顺利开展。这里不再赘述。

本案例中，这三张表格的内容是关于进度管理。首先将进度管理工作按节点设置任务，明确了任务下达的时间和责任人，通过任务下达表下达给具体的责任人。随着项目进展，及时进行进度管理任务的检查、督促、纠偏和验收归档。将实际开展的情况如实填写在管理工作登记表中。若遇到检查过程中出现问题的，填写任务检查、督促、纠偏表，进行任务执行情况检查的反馈以及未完成纠偏措施的下达等。等任务完成纠偏后再重新进行纠偏效果的检查。

（3）工作实施

根据老师指定的项目情况，参照步骤交底，按照工作用表建立项目管理体系；编制常用进度、质量、投资、安全和环境管理节点表；编制进度、质量、投资、安全和环境管理计划表；编制管理登记表、任务下达表、任务检查、督促、纠偏表等。工作用表见表 9-6～表 9-10。

常用进度、质量、投资、安全和环境管理节点表 表 9-6

管理内容	管理节点
进度管理	
质量管理	
投资管理	
安全管理	
环境管理	

表 9-7

进度、质量、投资、安全和环境管理计划表

序号	分部分项工程名称	开始时间	结束时间	月份 ×月份			×月份			×月份			×月份			×月份			×月份			×月份			×月份			×月份			质量管理目标	安全管理目标	环境管理目标
				10	20	30	10	20	30	10	20	30	10	20	30	10	20	30	10	20	30	10	20	30	10	20	30			
1																														
2																														
……			计划完成产值																												
……	资金计划	计划应付工程款																												
		计划累计支付																												

管理工作登记表   表 9-8

序号	任务名称	任务下达 （时间/责任人）	任务检查 （时间/责任人）	任务督促 （时间/责任人）	任务纠偏 （时间/责任人）	验收归档 （时间/责任人）

任务下达交底表   表 9-9

任务名称	
负责人	
下达时间	
完成时间	
任务交底（具体要求）	

交底人		被交底人	

任务检查、督促、纠偏表 表 9-10

任务名称	
负责人	
要求完成时间	
任务执行情况检查 （完成/未完成督促）	
未完成纠偏措施	
纠偏督促人	
纠偏督促时间	
纠偏督促效果	
任务完成时间及效果	

9.6 评价反馈：相关表格详见课程学习导言。

学习情境 10 协 调 管 理

10.1 学习情境描述

××国家旅游度假区基础设施建设开发中心开发建设的某地块规划建设 36 班小学项目开工后，该开发中心委托××工程咨询有限公司进行全过程 工程咨询服务。在项目建设管理中，该工程咨询有限公司进行协调管理。该 工程咨询有限公司为进行有效的交流和合作，根据项目特点编制了协调管理 策划书，按照策划要求制定了沟通协调制度；为保障沟通的顺畅，搭建了通用、高效、协 同的交互平台；同时动态维护沟通渠道的顺畅性，做好沟通障碍管理工作；并根据沟通内 容、层级，选择合适的沟通方式，做好沟通记录。

协调管理学习
情境描述

10.2 学习目标

根据实际项目能进行协调管理工作，主要包括以下几项内容：

（1）能编制协调管理策划书，制订沟通协调制度；

（2）能搭建通用、高效、协同的交互平台，并做好动态维护；

（3）能编制沟通记录。

10.3 任务书

根据给定的工程项目，开展协调管理工作。

10.4 工作准备

 引导问题 1

什么是协调管理？它的作用是什么？成果的表现形式是什么？

 小提示

协调管理是指通过协调、沟通、调和所有的活动及力量，使各方配合得当，促使各方协同一致，以实现预定目标。

其主要作用是通过外力使整个系统中分散的各个要素具有一定的系统性、整体性，并且使之配合适当，协同一致的实现共同的预定目标。

协调管理成果的表现形式是编制协调管理用表，确保各方协同一致，实现管理目标。

 引导问题 2

协调管理的对象是谁？

 小提示

系统是由若干既相互联系又相互制约的要素构成的具有特定功能和目标的统一体。按照系统分析的观点，协调一般分为三大类：一是"人员/人员界面"；二是"系统/系统界面"；三是"系统/环境界面"。建设工程系统是一个由人员、物质、信息等构成的人为的组织系统。建设工程组织是由各类人员组成的工作班子，由于每个人的性格、习惯、能力、岗位、任务、作用的不同，即使只有两个人在一起工作，也有潜在的人员矛盾或危机。这种人与人之间的间隔，就是所谓"人员/人员界面"。

建设工程系统是由若干个子项目组成的完整体系，子项目即子系统。由于子系统的功能、目标不同，因此容易产生各自为政的趋势和相互推诿现象。这种子系统和子系统之间的间隔，就是所谓的"系统/系统界面"。

建设工程系统是一个典型的开发系统，它具有环境适应性，能主动从外部世界取得必要的能量、物质和信息。在取得的过程中，不可能没有障碍和阻力。这种系统与环境之间的间隔，就是所谓的"系统/环境界面"。

协调管理对象就是"人员/人员界面""系统/系统界面""系统/环境界面"。在项目建设管理中，要保证项目的参与各方围绕建设工程开展工作，使项目目标顺利实现，必须重视协调管理，发挥系统整体功能。组织协调工作最为重要，也最为困难，是项目建设管理工作能否成功的关键。协调是管理的核心职能，它作为一种管理方法应贯穿于整个建设工程实施及其管理过程中。

引导问题 3

协调管理的内容是什么？

小提示

协调管理工作应通过制度建设、完善程序来消除相互之间的沟通障碍与冲突，提高项目运行的效率。

协调管理工作主要包括根据项目特点制订沟通协调制度；搭建通用、高效、协同的交互平台；动态维护沟通渠道的顺畅性，做好沟通障碍管理工作；根据沟通内容、层级，选择合适的沟通方式，并做好沟通记录。

引导问题 4

协调管理的范围是什么？

小提示

（1）与投资人的沟通协调

1）加强双方的理解；

2）尊重投资人，注重向投资人请示、报告；

3）经常向投资人解释项目的过程和项目的管理方法，使其理解项目管理方法，避免其非程序干预和越级指挥。

（2）与参建单位的沟通协调

1）应让各参建单位理解项目的总目标、阶段性目标及各自的目标、项目的各项实施方案、各自的工作任务和职责等，增加项目的透明度，这不仅体现在技术交底中，而且应贯穿在整个项目的实施过程中；

2）向他们解释清楚，并用工作实际真诚地向他们表明，全过程工程咨询单位是项目各项管理工作的集成者，所开展的各项工作都是为了施工能顺利进行，既是为投资人服务，也是为他们服务，都是为实现项目的总目标；并用工作实践表明，项目没有集成管理，各参建单位各自为政，项目不可能顺利进行，以提高各参建单位互相沟通和主动与全过程工程咨询单位沟通的自觉性；

3）应尊重各参建单位，全过程工程咨询单位应认识到没有各参建单位的努力，项目的目标就不可能实现，应使各参建单位共赢。全过程工程咨询单位应鼓励参建单位将项目实施状况的信息、实施结果和遇到的困难，心中的不平和意见与其交流和沟通，这样可及时寻找和发现对计划、对管理的误解或对立情绪可能产生的干扰。不能随便对参建单位动用处罚权或经常以处罚相威胁，更不可违背合同约定实施处罚。

（3）与政府有关部门的沟通协调

1）应以满足法律法规要求开展各项工作来迎接这些部门、机构的监督、检查，否则将始终处于被动地位，失去了主动与这些部门沟通的机会；

2）主动向他们请示、汇报，与他们联络。

 引导问题 5

协调管理的方法是什么？

 小提示

协调管理的方法主要包括会议协调法、交谈协调法、书面协调法、访问协调法和情况介绍法等。

会议协调法是项目建设管理中常用的一种协调方法，实践中常用的会议协调包括第一次工地会议、工地例会、专题会议等。

在实践中，并不是所有问题都需要开会来解决，有时可采用"交谈"这个方法。交谈包括面对面交谈和电话交谈两种形式，这种方法使用频率相当高的。

当会议或者交谈不方便或不需要时，或者需要精确的表达自己的意见时，就会用到书面协调的方法。书面协调法的特点是具有合同效力，一般常用于以下方面：

（1）不需双方直接交流的书面报告、报表、指令和通知等；

（2）需要以书面形式向各方提供详细信息和情况通报的报告、信函和备忘录等；

（3）事后对会议记录，交谈内容或口头指令的书面确认。

访问法有走访和邀访两种形式。走访是指在建设工程施工前或施工过程中，对与工程施工有关的各政府部门、公共事业机构、新闻媒介或工程毗邻单位等进行访问，向他们解

释工程情况，了解他们的意见。邀访是指邀请上述各单位（包括业主）代表到施工现场对工程进行指导性巡视，了解现场工作。因为在多数情况下，这些有关方面并不了解工程，不清楚现场的实际情况，如果进行一些不恰当的干预，会对工程产生不利影响。这个时候，采用访问法可能是一个相当有效的协调方法。

情况介绍法通常是与其他协调方法紧密结合在一起的，它可能是在一次会议前或者一次交谈前，或是一次走访或邀访前向对方进行的情况介绍。形式上主要是口头的，有时也伴有书面的。介绍往往作为其他协调的引导，其目的是使别人首先了解情况。因此，应重视任何场合下的每一次介绍，要使别人能够理解你介绍的内容、问题和困难、你想得到的协助等。

10.5　能力训练

协调管理
能力训练

（1）任务下达

根据给定的工程项目，进行协调管理，根据项目特点制订沟通协调制度；搭建通用、高效、协同的交互平台；根据沟通内容、层级，选择合适的沟通方式，做好沟通记录。

（2）步骤交底

本案例中，××国家旅游度假区基础设施建设开发中心开发建设的某地块规划建设36班小学项目开工后，××工程咨询有限公司对该项目进行协调管理。

第一步，协调管理的策划。

案例中，该工程咨询有限公司为顺利开展协调管理，进行了协调管理的策划，按照策划要求编制协调管理策划表（表10-1），制定了沟通协调制度，如图10-1所示。

协调管理策划表　　　　　　　　　　　　　　　　　　　　　　表 10-1

管理节点		管理内容	管理计划	管理方法和措施	责任人
内部协调	体系建立	协调管理组织机构的设置	项目开始前	详项目管理总策划	李工
		协调管理制度的编制	项目开始前	详项目管理总策划	李工
	与投资人的沟通协调	关系的协调	项目实施过程	平台、会议、交谈、书面、访问等	李工
		需解决问题的协调			李工
	与参建单位的沟通协调	关系的协调			李工
		需解决问题的协调			李工
	全过程咨询单位内部的沟通协调	关系的协调			李工
		需解决问题的协调			李工
外部协调	与政府有关部门的沟通协调	关系的协调			王工
		需解决问题的协调			王工

协调管理策划表一般包括管理节点、管理内容、管理计划、管理方法和措施、责任人等。其中管理节点一般包括内部协调和外部协调。内部协调包括体系建立，与投资人的沟通协调、与参建单位的沟通协调、全过程咨询单位内部的沟通协调等。外部协调主要指与政府有关部门的沟通协调。内部协调中体系建立一般是在项目开始前明确相应的责任人进行组织结构的设置和制度的编制，与投资人的沟通协调、与参建单位的沟通协调、全过程

沟

通

协

调

制

度

编制单位：××工程咨询有限公司

编制时间：××年××月××日

图 10-1　沟通协调制度

咨询单位内部的沟通协调一般是在项目实施过程中明确相应的责任人通过平台、会议、交谈、书面、访问等管理方法和措施进行管理的协调和需要解决问题的协调。内部协调往往工作量较大，是协调管理的重点。

外部协调中与政府有关部门的沟通协调一般是在项目实施过程中明确相应的责任人通过平台、会议、交谈、书面、访问等管理方法和措施进行管理的协调和需要解决问题的协调。外部协调往往工作量不大，但是沟通协调难度较大。

协调管理策划表中应重点明确相应的管理内容、管理方法和措施及相应的责任人。如果不事先制订协调管理策划表，容易引起管理混乱、无序，也就做不到各方配合得当，协同一致高效地完成管理目标。

第二步，搭建通用、高效、协同的交互平台。

案例中，该工程咨询有限公司为保障沟通的顺畅，搭建了通用、高效、协同的交互平台。该交互平台包括电话支持、微信支持、QQ 支持、电子邮件支持、项目管理平台等。

本案例中，采用建立微信群进行沟通协调，以此为例进行说明。微信群的交互需先建群，确定群主，让各相关方责任人入群。为便于开展工作，各责任人还需更名，如建设单位某某。在群内规定发布的内容、时间等作为直接沟通的途径，可快速传达相应的信息。

第三步，编制沟通记录。

案例中，该工程咨询有限公司动态维护沟通渠道的顺畅性，做好沟通障碍管理工作，并根据沟通内容、层级，选择合适的沟通方式，做好沟通记录，见表10-2。

沟通记录表 表 10-2

项目名称：某地块规划建设36班小学	沟通时间：2021年5月9日
沟通方式：访问	沟通单位：质监站

沟通内容	关于桩基承载力检测桩位的选择问题
需要解决的问题	确定检测数量和桩位
拜访人	张工

不同的单位有不同的沟通记录表格式。沟通记录表一般包括项目名称、沟通时间、沟通方式、沟通单位、沟通内容、需要解决的问题、拜访人等。必要的沟通记录表可以有针对性地记录需要解决的问题，有助于后续高效解决问题及其做好与他单位的得当配合。

这张沟通记录表中记录的是去质监站沟通桩基承载力检测桩位的选择问题，后续为了确定检测数量和桩位。这是个重要的需要解决的问题，因此编制了沟通记录表。但是注意并不是所有的沟通都需要做沟通记录，一般是有需要解决的问题才做沟通内容的记录。

上述不管是通过电话支持、微信支持、QQ支持、电子邮件支持、项目管理平台等交互平台的记录还是会议协调形成的会议记录，或是沟通记录表都是为了协调关系或是解决需要解决的问题而采用的手段，为高效进行协调管理可多种同时进行。

（3）工作实施

根据老师指定的项目情况，参照步骤交底，按照工作用表编制协调管理用表和沟通记录表。工作用表见表 10-3 和表 10-4。

协调管理策划表   表 10-3

管理节点		管理内容	管理计划	管理方法和措施	责任人
内部协调	体系建立	协调管理组织机构的设置			
		协调管理制度的编制			
	与投资人的沟通协调	关系的协调			
		需解决问题的协调			
	与参建单位的沟通协调	关系的协调			
		需解决问题的协调			
	全过程咨询单位内部的沟通协调	关系的协调			
		需解决问题的协调			
外部协调	与政府有关部门的沟通协调	关系的协调			
		需解决问题的协调			

沟通记录表   表 10-4

项目名称：		沟通时间：
沟通方式：		沟通单位：
沟通内容		
需要解决的问题		
拜访人		

10.6 评价反馈：相关表格详见课程学习导言。

学习情境 11　信　息　管　理

信息管理学习
情境描述

11.1　学习情境描述

××国家旅游度假区基础设施建设开发中心开发建设的某地块规划建造36班小学项目开工后，该开发中心委托××工程咨询有限公司进行全过程工程咨询服务。在项目建设管理中，该工程咨询有限公司进行信息管理。该工程咨询有限公司建立信息管理体系，及时准确地获得和使用项目所需的信息，确定项目信息管理目标，进行项目信息管理策划，项目信息收集，项目信息处理及运用。最后，该工程咨询有限公司进行了项目信息管理评价。

11.2　学习目标

根据实际项目能进行信息管理工作，主要包括以下几项内容：
（1）能建立信息管理体系；
（2）能进行项目信息收集、项目信息处理及运用；
（3）能进行项目信息管理评价。

11.3　任务书

根据给定的工程项目，开展信息管理工作。

11.4　工作准备

 引导问题 1

什么是信息管理？它的作用是什么？成果的表现形式是什么？

_____

_____

_____

🪜 小提示

信息管理是指对项目信息的收集、整理、分析、处理、存储、传递和使用等活动。其主要作用是通过有组织的信息流通，使决策者能及时、准确地获得相应的信息。

信息管理成果的表现形式是编制信息管理用表，确保项目信息及时、准确地用于各项工作。

引导问题 2

信息管理的内容是什么？

_____

_____

_____

 小提示

信息管理工作主要包括建立信息管理体系，及时准确地获得和使用项目所需的信息；确定项目信息管理目标；进行项目信息管理策划；项目信息收集；项目信息处理及运用；项目信息管理评价。信息管理工作应及时、准确和全面。

信息管理策划应以建设项目实施规划中的有关内容为依据，策划内容应包括信息需求分析，信息编码系统，信息流程，信息管理制度以及信息的来源、内容、标准、时间要求和工作程序等内容。

信息过程管理应包括信息的收集、加工、传输、存储、检索、输出和反馈等内容，宜使用计算机进行。信息计划的实施过程中，应定期检查信息的有效性并不断改进信息管理工作。

全过程工程咨询单位应做好工程档案的收集、整理、归档、存储和移交工作。信息管理应符合现行国家标准《建设工程文件归档规范》GB/T 50328 和项目所在地城建档案馆的规定。

 引导问题 3

信息管理的范围是什么？

 小提示

建设工程信息管理贯穿于建设工程全过程，衔接建设工程的各个阶段，各个参与单位和各个方面。其基本的环节有信息的收集、传递、整理、检索、分发、存储。

（1）建设工程信息的收集

建设工程的信息收集根据介入的阶段不同，决定收集不同的内容。建设工程信息收集的内容包括以下几个方面：

1）项目决策阶段的信息收集

项目决策阶段信息的收集主要包括以下内容：

① 项目相关市场方面的信息，如产品预计进入市场后的占有率和社会需求量、预计产品价格变化趋势、影响市场渗透的因素、产品的生命周期等。

② 项目资源相关方面的信息，如资金的筹措渠道、筹措方式、原材料、矿藏来源、劳动力、水、电、气供应等。

③ 自然环境方面的信息，如城市交通、运输、气象、工程地质、水文、地形、地貌、废料处理的可能性等。

④ 新技术、新设备、新工艺、新材料、专业配套能力方面的信息。

⑤ 政治环境、社会治安状况、当地法律、政策、教育方面的信息。

2）设计阶段的信息收集

设计阶段主要收集以下信息：

① 可行性研究报告、前期相关的文件资料、存在的疑点、建设单位的意图、建设单位的前期准备和项目审批完成情况。

② 同类工程相关信息，包括建设规模、结构形式、造价构成、工艺设备的选型、地质处理方式以及效果、建设工期、采用新材料、新工艺、新设备、新技术的实际效果以及存在的问题、技术经济指标。

③ 拟建工程所在地的相关信息，包括地质、水文、地形、地貌、地下埋设和人防设施、城市拆迁政策和拆迁户数、青苗补偿、水、电、气的接入点、周围建筑、交通、学校、医院、商业、绿化、消防、排污等。

④ 勘察、测量、设计单位的信息，包括同类工程的完成情况、实际效果、完成该工程的能力、人员构成、设备投入、质量管理体系完善情况、创新能力、收费情况、施工期技术服务主动性、处理发生问题的能力、设计深度和技术文件的质量、专业配套能力、设计概算和施工图预算的编制能力、合同履约的情况、采用新技术、新设备的情况。

⑤ 工程所在地政府相关信息，包括国家和地方政策、法律、法规、规范、规程、环保政策、政府服务情况和限制等。

⑥ 设计进度计划、质量保证体系、合同执行情况、偏差产生的原因、纠偏措施、专业设计交接情况、执行规范、规程、技术标准、特别是强制性条文执行情况、设计概算和施工图预算的编制和执行情况、了解设计超限额的原因、了解各设计工序对投资的控制情况等。

3）施工招投标阶段的信息收集

施工招标阶段主要应收集以下方面的信息：

① 工程地质、水文地质勘察报告、施工图设计及施工图预算、设计概算、审批报告、特别是该建设工程有别于其他工程的技术要求、材料、设备、工艺、质量等有关方面的信息。

② 建设单位前期工作的有关文件，包括立项文件、建设用地、征地、拆迁许可文件等。

③ 工程造价信息。

④ 施工单位的技术、管理水平、质量保证体系。

⑤ 本工程使用的规范、规程、技术标准。

⑥ 工程所在地有关招投标的规定，国际招标、国际贷款制定的适用范本、合同条件等。

⑦ 工程所在地招标代理机构的能力、特点、招标管理机构以及管理程序。

⑧ 本工程采用的新技术、新材料、新设备、新工艺，投标单位对这"四新"的了解程度、经验、措施和处理能力。

4）施工阶段的信息收集

施工阶段的信息收集，可以分为施工准备期、施工期、竣工保修期3个阶段。

① 施工准备期。施工准备期应从以下几个方面收集信息：

a. 监理大纲、施工图设计及施工图预算、工程结构特点、工艺流程特点、设备特点、施工合同体系等；

b. 施工单位项目部的组成情况、进场设备的规格、型号、保修记录、施工场地的准备情况、施工单位的质量保证体系、施工组织设计、特殊工程的技术方案、承包单位和分包单位情况等；

c. 建设工程场地的工程地质，水文、气象情况，地上、地下管线，地上、地下原有建筑物情况，建筑红线、标高、坐标，水、电、气的引入标志等；

d. 施工图会审记录以及技术交底资料，开工前监理交底记录，对施工单位提交的开工报告的批准情况等；

e. 与本工程有关的建筑法律、法规、规范、规程等。

② 施工期。施工期应从以下几个方面收集信息：

a. 施工单位人员、设备、水、电、气等能源的动态信息；

b. 施工阶段气象的中长期趋势以及历史同期的数据；

c. 建筑原材料、半成品、成品、构配件等工程物资进场、加工、保管、使用信息；

d. 项目经理部的管理资料，质量、进度、投资的控制措施，数据采集、处理、存储、传递方式，工序交接制度，事故处理制度，施工组织设计执行情况，工地文明施工及安全措施；

e. 施工中需要执行的国家和地方规范、规程、标准、施工合同执行情况；

f. 施工中地基验槽及处理记录、工序交接记录、隐蔽工程检查记录等；

g. 建筑材料试验的相关信息；

h. 设备安装试运行和测试的相关信息；

i. 施工索赔的相关信息，包括索赔程序、索赔依据、索赔处理意见等。

③竣工保修期。竣工保修期要收集的信息主要有：

a. 工程准备阶段的有关文件，如立项文件，建设用地、征地、拆迁文件，开工审批文件；

b. 监理文件，包括监理规划、监理实施细则、有关质量问题和质量事故处理的相关记录、监理工作总结以及监理过程中的各种控制和审批文件；

c. 施工资料分为建筑安装工程和市政基础设施两大类分别收集；

d. 竣工图分为建筑安装工程和市政基础设施两大类分别收集；

e. 竣工验收资料，包括工程竣工总结、竣工验收备案表、电子档案等。

在竣工保修期，监理单位应收集监理文件并协助建设单位督促施工单位完善全部资料的收集。

（2）信息收集的基本方法

1）现场记录；

2）会议记录；

3）计量与支付记录；

4）实验记录；

5）工程照片和录像。

（3）信息的加工整理

1）信息加工整理的作用和原则

信息的加工整理是对收集的大量原始信息进行筛选、分类、排序，压缩、分析、比较、计算使用的过程。信息加工整理的作用如下：

① 通过加工将信息聚集分类，使之标准化、系统化；

② 经过对收集资料真实程度、准确程度的比较、鉴别，剔除错误的信息，获得正确的信息；

③ 经过加工后的信息，便于存储、检索、传递。

所以，信息加工整理要本着标准化、系统化、准确性、时间性的原则进行。

2）信息加工整理的成果

项目管理人员对信息进行加工整理，形成各种资料，如各种往来信函、文件、各种指令、会议纪要、备忘录、协议以及工作报告。

（4）信息的储存和传递

1）信息的储存

经过加工处理的信息，按照一定的规定，记录在相应的信息载体上，并把这些记录的信息载体，按照一定的特征和内容，组织成为系统的、有机的、可供人们检索的集合体，这个过程称为信息的储存。

信息储存的主要载体是文件、报告报表、图纸、音像资料等。信息的储存主要就是将这些材料按照不同的类别，进行详细的登录、存放，建立资料归档系统。

资料的归档，一般按以下几类进行：一般函件、管理报告、计量与支付资料、合同管理资料、图纸、技术资料、试验资料、工程照片等。

2）信息的传递

信息的传递是指信息借助于一定的载体从信息源传递到使用者的过程。信息在传递的过程中，通常形成各种信息流，常见的有以下几种：

① 自上而下的信息流；

② 自下而上的信息流；

③ 内部横向的信息流；

④ 外部环境信息流。

引导问题 4

信息管理的手段是什么？

小提示

全过程工程咨询单位宜利用先进技术实现信息管理的先进性、高效性和协同性，主要技术手段包括下列内容：

(1) BIM；

(2) 云计算；

(3) 大数据；

(4) 物联网；

(5) 移动互联网。

 引导问题 5

信息管理的措施是什么？

 小提示

(1) 把握信息管理的环节

1) 了解和掌握信息的来源，对信息进行分类；

2) 掌握和正确运用信息管理的手段；

3) 掌握信息流程的不同环节，建立信息管理系统。

(2) 确定建设工程项目信息管理的基本任务

1) 组织项目基本情况信息的收集并系统化，编制项目手册；

2) 项目报告及各种资料的规定，如规定其格式、内容、数据结构等；

3) 按照项目实施、项目组织、项目管理工作过程建立项目管理信息系统流程，在实际工作中保证系统正常运行，并控制信息流通。

(3) 明确信息管理人员职责

1) 负责工程信息的收集、完善、整理、分类，协调解决工程信息中存在的问题；

2) 对形成的工程信息做好保管工作。

(4) 建立信息管理制度

1) 信息管理人员应根据合同约定的载体与传递方式，做好工程信息管理。重要的工程信息必须形成书面文件，并对信息进行分类、整理、建档；

2) 根据合同约定建立信息文件目录，完善工程信息文件的传递流送及各项信息管理制度；

3) 收集整理工程建设过程中关于质量、职业健康安全与环境、进度、合同管理等信息并向有关方反馈；

4) 督促相关单位按合同规定和业主等有关要求，及时编制并报送工程报表和工程信息文件。

11.5　能力训练

（1）任务下达

根据给定的工程项目，进行信息管理，建立信息管理体系，及时准确地获得和使用项目所需的信息，确定项目信息管理目标，进行项目信息管理策划、项目信息收集、项目信息处理及运用，并进行项目信息管理评价。

信息管理
能力训练

（2）步骤交底

本案例中，××国家旅游度假区基础设施建设开发中心开发建设的某地块规划建造36班小学项目开工后，××工程咨询有限公司对该项目进行信息管理。

第一步，信息管理的策划。

案例中，该工程咨询有限公司为顺利开展信息管理，进行了信息管理的策划，编制了信息管理计划表，见表11-1。

信息管理计划表　　　　　　　　　　表 11-1

项目名称	某地块规划建造 36 班小学项目			
信息管理计划编制依据				
序号	信息管理前期工作事项	责任部门	完成时间	联系方式
1	信息管理需求识别	综合办公室	2021 年 1 月 10 日	×××
2	组织机构及职责	综合办公室	2021 年 1 月 24 日	×××
3	信息管理制度	综合办公室	2021 年 1 月 24 日	×××
4	与有关各方面沟通需要规定	综合办公室	2021 年 1 月 31 日	×××
5	建设、安全、电力、燃气、通信、水、卫生、公路、消防、公安、税务等部门联系人及方式	综合办公室	2021 年 1 月 24 日	×××
信息管理计划编制安排				
序号	策划项目	有关要点	责任部门或人员	完成期限	联系方式
1	决策阶段的信息管理	1. 项目相关市场方面的信息； 2. 项目资源相关方面的信息； 3. 自然环境方面的信息； 4. 新技术、新设备、新工艺、新材料、专业配套能力方面的信息； 5. 政治环境、社会治安状况、当地法律、政策、教育方面的信息	王工	2021 年 2 月 15 日	×××

续表

序号	策划项目	有关要点	责任部门或人员	完成期限	联系方式
		信息管理计划编制安排			
2	设计阶段的信息管理	1. 可行性研究报告、前期相关的文件资料、存在的疑点、建设单位的意图、建设单位的前期准备和项目审批完成情况； 2. 同类工程相关信息； 3. 拟建工程所在地的相关信息； 4. 勘察、测量、设计单位的信息； 5. 工程所在地政府相关信息； 6. 设计进度计划、质量保证体系、合同执行情况、偏差产生的原因、纠偏措施、专业设计交接情况、执行规范、规程、技术标准等	李工	2021年4月15日	×××
3	招投标阶段的信息管理	1. 工程地质、水文地质勘察报告、施工图设计及施工图预算、设计概算、审批报告、特别是该建设工程有别于其他工程的技术要求、材料、设备、工艺、质量等有关方面的信息； 2. 建设单位前期工作的有关文件，包括立项文件、建设用地、征地、拆迁许可文件等； 3. 工程造价信息； 4. 施工单位的技术、管理水平、质量保证体系； 5. 本工程使用的规范、规程、技术标准； 6. 工程所在地有关招投标的规定，国际招标、国际贷款制定的适用范本、合同条件等； 7. 工程所在地招标代理机构的能力、特点、招标管理机构以及管理程序； 8. 本工程采用的新技术、新材料、新设备、新工艺，投标单位对这"四新"的了解程度、经验、措施和处理能力	孙工	2021年6月15日	×××
4	施工阶段的信息管理	1. 施工准备期： (1) 监理大纲、施工图设计及施工图预算、工程结构特点、工艺流程特点、设备特点、施工合同体系等；	赵工	2023年3月15日	×××

续表

		信息管理计划编制安排			
序号	策划项目	有关要点	责任部门或人员	完成期限	联系方式
4	施工阶段的信息管理	（2）施工单位项目部的组成情况、进场设备的规格、型号、保修记录、施工场地的准备情况、施工单位的质量保证体系、施工组织设计、特殊工程的技术方案、承包单位和分包单位情况等； （3）建设工程场地的工程地质，水文、气象情况，地上、地下管线，地上、地下原有建筑物情况，建筑红线、标高、坐标，水、电、气的引入标志等； （4）施工图会审记录以及技术交底资料，开工前监理交底记录，对施工单位提交的开工报告的批准情况等； （5）与本工程有关的建筑法律、法规、规范、规程等。 2. 施工期： （1）施工单位人员、设备、水、电、气等能源的动态信息； （2）施工阶段气象的中长期趋势以及历史同期的数据； （3）建筑原材料、半成品、成品、构配件等工程物资进场、加工、保管、使用信息； （4）项目经理部的管理资料，质量、进度、投资的控制措施，数据采集、处理、存储、传递方式，工序交接制度，事故处理制度，施工组织设计执行情况，工地文明施工及安全措施； （5）施工中需要执行的国家和地方规范、规程、标准、施工合同执行情况； （6）施工中地基验槽及处理记录、工序交接记录、隐蔽工程检查记录等； （7）建筑材料试验的相关信息； （8）设备安装试运行和测试的相关信息； （9）施工索赔的相关信息，包括索赔程序、索赔依据、索赔处理意见等	赵工	2023 年 3 月 15 日	×××

续表

		信息管理计划编制安排			
序号	策划项目	有关要点	责任部门或人员	完成期限	联系方式
5	竣工保修期信息管理	1. 工程准备阶段的有关文件，如立项文件，建设用地、征地、拆迁文件，开工审批文件； 2. 监理文件，包括监理规划、监理实施细则、有关质量问题和质量事故处理的相关记录、监理工作总结以及监理过程中的各种控制和审批文件； 3. 施工资料分为建筑安装工程和市政基础设施两大类分别收集； 4. 竣工图分为建筑安装工程和市政基础设施两大类分别收集； 5. 竣工验收资料，包括工程竣工总结、竣工验收备案表、电子档案等	赵工	2023 年 4 月 30 日	×××

  信息管理计划表包括信息管理计划编制依据和信息管理计划编制安排。其中，信息管理计划编制依据包括了信息管理前期工作事项、责任部门、完成时间和联系方式等；信息管理计划编制安排中包括了策划项目、有关要点、责任部门或人员、完成期限和联系方式等。

  本案例中，为做好信息管理，先制定了信息管理计划编制依据。在信息管理前期工作事项中明确责任部门、完成时间和联系方式、进行了信息管理需求识别、确定组织机构及职责、制定信息管理制度及与有关各方面沟通需要的规定，确定了建设、安全、电力、燃气、通信、水、卫生、公路、消防、公安、税务等部门联系人及方式。

  在信息管理计划编制安排中按照项目不同阶段如决策阶段、设计阶段、招投标阶段、施工阶段和竣工保修期等制定了信息管理的有关要点、责任部门或人员、完成期限和联系方式等。信息管理的有关要点可参照各项合同、规范和标准等。注意，不同的项目其信息管理的要点是不一致的。

  第二步，信息工作管理实施。

  案例中，该工程咨询有限公司就信息管理工作编制了管理工作登记表（表 11-2）、任务下达交底表（表 11-3），任务检查、督促、纠偏表（表 11-4）。

管理工作登记表 **表 11-2**

序号	任务名称	任务下达 （时间/责任人）	任务检查 （时间/责任人）	任务督促 （时间/责任人）	任务纠偏 （时间/责任人）	验收归档 （时间/责任人）
1	信息管理需求识别	综合办公室/2021 年 1 月 1 日	综合办公室王经理/2021 年 1 月 9 日	—	—	综合办公室/2021 年 1 月 10 日

续表

序号	任务名称	任务下达（时间/责任人）	任务检查（时间/责任人）	任务督促（时间/责任人）	任务纠偏（时间/责任人）	验收归档（时间/责任人）
2	组织机构及职责	综合办公室/2021年1月7日	综合办公室王经理/2021年1月20日	—	—	综合办公室/2021年1月24日
3	信息管理制度	综合办公室/2021年1月7日	综合办公室王经理/2021年1月20日	综合办公室王经理/2021年1月24日	综合办公室王经理/2021年1月27日	综合办公室/2021年1月31日
4	与有关各方面沟通需要规定	综合办公室/2021年1月7日	综合办公室王经理/2021年1月30日	—	—	综合办公室/2021年1月31日
5	建设、安全、电力、燃气、通信、水、卫生、公路、消防、公安、税务等部门联系人及方式	综合办公室/2021年1月7日	综合办公室王经理/2021年1月20日	综合办公室/2021年1月22日	—	综合办公室/2021年1月24日
	……					

任务下达交底表 表 11-3

任务名称	信息管理制度编制	
负责人	综合办公室郑工	
下达时间	2021年1月7日	
完成时间	2021年1月24日	
任务交底（具体要求）	2021年1月24日完成信息管理制度编制	
交底人	综合办公室王经理	被交底人　综合办公室郑工

任务检查、督促、纠偏表 表 11-4

任务名称	信息管理制度编制进度检查
负责人	综合办公室郑工
要求完成时间	2021年1月24日
任务执行情况检查（完成/未完成督促）	2021年1月20日，经综合办公室王经理检查信息管理制度未完成
未完成纠偏措施	增派综合办公室李工协助完成
纠偏督促人	综合办公室王经理
纠偏督促时间	2021年1月27日
纠偏督促效果	最多延迟一周完成任务
任务完成时间及效果	2021年1月31日完成

这三张表格在之前的学习情境中已经介绍过了，这里不再赘述。

第三步，项目信息管理评价。

案例中，该工程咨询有限公司对项目信息管理进行了总结，并撰写信息管理评价报告，如图 11-1 所示。

信息管理评价报告一般包括信息管理现状、工作职责、存在的不足、改进方法和措施、经验和建议等。

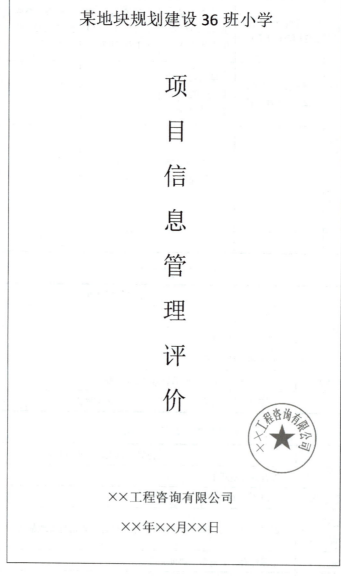

图 11-1　信息管理评价报告（部分摘录）

（3）工作实施

根据老师指定的项目情况，参照步骤交底，按照工作用表编制信息管理计划用表、管理工作登记表、任务下达交底表和任务检查、督促、纠偏表等。工作用表见表 11-5～表 11-8。

信息管理计划用表   表 11-5

项目名称				
信息管理计划编制依据				
序号	信息管理前期工作事项	责任部门	完成时间	联系方式
1	信息管理需求识别			
2	组织机构及职责			
……	……			
信息管理计划编制安排				
序号	策划项目	有关要点	责任部门或人员	完成期限	联系方式
1	决策阶段的信息管理				
2	设计阶段的信息管理				
3	招投标阶段的信息管理				
3	招投标阶段的信息管理				
4	施工阶段的信息管理				
5	竣工保修期信息管理				

管理工作登记表   表 11-6

序号	任务名称	任务下达 （时间/责任人）	任务检查 （时间/责任人）	任务督促 （时间/责任人）	任务纠偏 （时间/责任人）	验收归档 （时间/责任人）
1						
2						
3						
……						

任务下达交底表   表 11-7

任务名称			
负责人			
下达时间			
完成时间			
任务交底（具体要求）			
交底人		被交底人	

任务检查、督促、纠偏表   表 11-8

任务名称	
负责人	
要求完成时间	
任务执行情况检查 （完成/未完成督促）	
未完成纠偏措施	
纠偏督促人	
纠偏督促时间	
纠偏督促效果	
任务完成时间及效果	

11.6 评价反馈：相关表格详见课程学习导言。

学习情境 12　风险管理

12.1　学习情境描述

××国家旅游度假区基础设施建设开发中心开发建设的某地块规划建设 36 班小学项目开工后，该开发中心委托××工程咨询有限公司进行全过程工程咨询服务。在项目建设管理中，该工程咨询有限公司进行风险管理。该工程咨询有限公司建立风险管理体系，制定风险制度，明确风险管理责任。根据项目实际情况制订相应的风险管理计划，在项目实施过程进行风险识别、风险评估、风险响应和风险监控。最后，出具风险评估报告。

风险管理
学习情境描述

12.2　学习目标

根据实际项目能进行风险管理，主要包括以下几项内容：（1）能够分析出影响建设项目的风险因素；（2）能够对风险因素进行正确的评价并作出适时的控制。

12.3　任务书

根据给定的工程项目，开展风险管理工作。

12.4　工作准备

什么是风险和建筑工程项目风险？

风险就是在给定情况下和特定时间内，可能发生的结果与预期目标之间的差异。风险要具备两个方面的条件：一是不确定性，二是产生损失后果。

建筑工程项目的立项、各种分析、研究、设计和计划都是基于对将来情况（政治、经济、社会、自然等各方面）的预测，基于正常的、理想的技术、管理和组织。而在实际实施以及项目的运行过程中，这些因素都有可能发生变化，各个方面都存在着不确定性。这些变化会使原定的计划、方案受到干扰，使原定的目标无法实现。这些事先不能确定的内部和外部的干扰因素，称为建筑工程项目风险。

从建筑工程项目风险的角度对其进行定义：

（1）风险就是损失的不确定性；

（2）风险就是在项目决策和实施过程中，影响项目实际结果与预期目标差异的不确定因素。

 引导问题 2

建筑工程项目的主要风险是什么？

 小提示

　　建筑工程项目风险是影响施工项目目标实现的事先不能确定的内外部的干扰因素及其发生的可能性。施工项目一般都是规模大、工期长、关联单位多、与环境接口复杂，包含着大量的风险，其主要风险见表 12-1。

建筑工程项目的主要风险　　　　　　　　　　　　表 12-1

分类依据	风险种类	内容
风险原因	自然风险	(1) 自然力的不确定变化给施工项目带来的风险，如地震、洪水、沙尘暴等； (2) 未预测到的施工项目的复杂水文地质条件、不利的现场条件、恶劣的地理环境等，使交通运输受阻，施工无法正常进行，造成人财损失等风险
	社会风险	社会治安状况、宗教信仰的影响、风俗习惯、人际关系及劳动者素质等形成的障碍或不利条件给项目施工带来的风险
	政治风险	国家政治方面的各种事件和原因给项目施工带来意外干扰的风险。如战争、政变、动乱、恐怖袭击、国际关系变化、政策变化
	法律风险	(1) 法律不健全、有法不依、执法不严，相关法律内容变化给项目带来的风险； (2) 未能正确、全面地理解有关法规，施工中发生触犯法律行为被起诉和处罚的风险
	经济风险	项目所在国或地区的经济领域出现的或潜在的各种因素变化，如经济政策的变化、产业结构的调整、市场供求变化带来的风险。如汇率风险、金融风险
	管理风险	经营者因不能适应客观形势的变化，或因主观判断失误，或因对已发生的事件处理不当而带来的风险。包括财务风险、市场风险、投资风险、生产风险等
	技术风险	(1) 由于科技进步、技术结构及相关因素的变动给施工项目技术管理带来的风险； (2) 由于项目所处施工条件或项目复杂程度带来的风险； (3) 施工中采用新技术、新工艺、新材料、新设备带来的风险
风险的行为主体	承包商	(1) 企业经济实力差。财务状况恶化，处于破产境地，无力采购和支付工资； (2) 对项目环境调查、预测不准确，错误理解业主意图和招标文件，投标报价失误； (3) 项目合同条款遗漏、表达不清、合同索赔管理工作不力； (4) 施工技术、方案不合理、施工工艺落后，施工安全措施不当； (5) 工程价款估算错误、结算错误； (6) 没有适合的项目经理和技术专家，技术、管理能力不足，造成失误，工程中断

续表

分类依据	风险种类	内容
风险的行为主体	承包商	(7) 项目经理部没有认真履行合同和保证进度、质量、安全、成本目标的有效措施； (8) 项目经理部初次承担施工技术复杂的项目，缺少经验，控制风险能力差； (9) 项目组织结构不合理、不健全，人员素质差，纪律涣散，责任心差； (10) 项目经理缺乏权威，指挥不力； (11) 没有选择好合作伙伴（分包商、供应商），责任不明，产生合同纠纷和索赔
	业主	(1) 经济实力不强，抵御施工项目风险能力差； (2) 经营状况恶化，支付能力差或撤走资金，改变投资方向或项目目标； (3) 缺乏诚信，不能履行合同；不能及时交付场地、供应材料、支付工程款； (4) 管理能力差，不能很好地与项目相关单位协调沟通，影响施工顺利进行； (5) 业主违约、苛刻刁难，发出错误指令，干扰正常施工活动
	监理工程师	(1) 起草错误的招标文件、合同条件； (2) 管理组织能力低，不能正确执行合同。下达错误指令，要求苛刻； (3) 缺乏职业道德和公正性
	其他方面	(1) 设计内容不全，有错误、遗漏，或不能及时交付图纸，造成返工或延误工期； (2) 分包商、供应商违约，影响工程进度、质量和成本； (3) 中介人的资信、可靠性差，水平低难以胜任其职，或为获私利不择手段； (4) 权力部门（主管部门、城市公共部门：水、电）的不合理干预和个人需求； (5) 施工现场周边居民、单位的干预
风险对目标的影响	工期风险	造成局部或整个工程的工期延长，项目不能及时投产
	费用风险	包括报价风险、财务风险、利润降低、成本超支、投资追加、收入减少等
	质量风险	包括材料、工艺、工程不能通过验收、试生产不合格，工程质量评价为不合格
	信誉风险	造成对企业形象和信誉的损害
	安全风险	造成人身伤亡，工程或设备的损坏

 引导问题 3

什么是建筑工程项目风险管理？它的作用是什么？成果是什么？

 小提示

建筑工程项目风险管理是指风险管理主体通过风险识别、风险评价去认识项目的风

险，并以此为基础，合理地使用风险回避、风险控制、风险自留、风险转移等管理方法、技术和手段对项目的风险进行有效控制。

其主要作用是妥善处理风险事件造成的不利后果，以合理的成本保证项目总体目标实现的管理过程。

风险管理的成果是编制风险管理用表，高效进行风险管理。

引导问题 4

风险管理的内容是什么？

小提示

建筑工程项目风险管理是指对项目风险进行系统的、循环的工作过程，其包括风险识别、风险评估、风险响应以及风险监控四个阶段。它们之间的关系如图 12-1 所示。

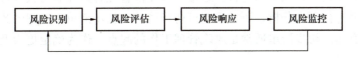

图 12-1　风险管理的动态循环性

引导问题 5

风险识别的内容是什么？

小提示

风险识别是风险管理的首要工作、基础步骤，其是指风险发生前，通过分析、归纳和整理各种信息资料，系统全面地认识风险事件并加以适当归类，对风险的类型、产生原因、可能产生的后果做出定性估计、感性认识和经验判断。

风险识别的主要内容包括三个方面：识别并确定项目有哪些潜在的风险；识别引起这些风险发展的主要因素；识别风险可能引起的后果。

 引导问题 6

风险识别的方式是什么？

 小提示

风险识别的方式：

（1）建立风险的客观存在思想

项目管理者首先要建立风险客观存在的思想，无论项目寿命周期的哪一个阶段都会存在风险，完全没有风险的项目根本不存在，应做好风险管理的思想准备。

（2）收集项目信息，建立初步风险清单

风险识别需要大量信息来了解情况，选择对项目系统以及内、外部环境熟悉的人进行风险预测。将预测的情况列入清单中，清单应明确列出客观存在的和潜在的各种风险、风险可能带来的潜在损失、风险的危害。通常可以凭借管理者的经验对其进行判断，并通过对一系列调查表进行深入分析、研究后制订初步清单，初步清单中罗列的数据应是经过分析后有参考价值的。初步清单通常是风险管理工作的起点，作为确定更为准确的项目风险清单的基础。

（3）确立各种风险事件并推测其可能产生的后果

根据初步清单中罗列的各种风险来源，推测其带来的各种合理的可能性，包括损失、营利、成本、时间、节约及超支等。

（4）对各种风险的重要性进行分析

对已经确立的潜在风险进行重要性分析，包括风险因素发生的概率及风险事件的潜在危害，通过这两个方面评价各种风险的相对重要性。

（5）进行风险事件归类

对已确立的风险进行归类。首先，可按工程项目内部、外部进行分类；其次，按技术、非技术进行分类，或按工程项目目标分类，或按工程项目建设阶段分类。例如，可行性研究阶段常见风险事件有市场分析失误、基础数据不准确、预测结果不合理等；项目设计阶段常见风险事件有项目设计存在缺陷或遗漏、设计的原始数据不足或不可靠、设计各专业不协调等；施工阶段常见风险事件有施工单位缺乏科学合理的组织管理、施工技术落后、施工安全措施不当、材料采购失误、项目资金紧张等。

（6）建立风险目录摘要

风险目录摘要是风险识别的最后一个步骤。通过建立风险目录摘要，将项目可能面临的风险进行汇总并排列轻重缓急，不仅能描述风险事件，使项目所有的管理者明确自己所面临的风险，还能预测到项目中风险之间的联系和可能发生的连锁反应。风险目录摘要见

表 12-2。

风险目录摘要　　　　　　　　　　　　　　　　表 12-2

风险摘要:			编号:	日期:
项目名称:			负责人:	
序号	风险事件	风险事件描述	可能造成的后果	发生的概率	可能采取的措施
1					
2					
......					

引导问题 7

风险评估的内容是什么?

小提示

风险识别只是对建筑工程项目各阶段单个风险分析进行估计和量化,其并没有考虑各单个风险综合起来的总体效果,也没有考虑到这些风险是否能被项目主体所接受。风险评估就是在对各种风险进行识别的基础上,综合衡量风险对项目实现既定目标的影响程度。

引导问题 8

风险评估的方式是什么?

小提示

风险评估的方式:

(1) 确定风险评估标准

风险评估标准是指项目主体针对不同的风险后果所确定的可接受水平。单个风险和整体风险都要确定评估标准。评估标准可以由项目的目标量化而成,如项目目标中的工期最短、利润最大化、成本最小化和风险损失最小化等均可量化成为评估标准。

（2）确定风险水平

项目风险水平包括单个风险水平和整体风险水平。整体风险水平需要在清楚各单个风险水平高低的基础上，考虑各单个风险之间的关系和相互作用后进行。

（3）风险评估标准和风险水平相比较

将项目的单个风险水平与单个评估标准相比较、整体风险水平与整体评估标准相比较，从而确定它们是否在可接受的范围之内，进一步确定项目建设的可行性。

引导问题 9

风险响应的内容是什么？

小提示

风险响应是指针对项目风险而采取的相应对策、措施。

引导问题 10

风险响应的方式是什么？

小提示

常见的风险响应方式有风险回避、风险转移、风险分散、风险自留等。

（1）风险回避。风险回避是指在完成项目风险分析和评估后，如果发现项目风险发生的概率很高，而且可能造成很大的损失，又没有有效的响应措施来降低风险。考虑到影响预定目标达成的诸多风险因素，结合决策者自身的风险偏好和风险承受能力，从而做出的中止、放弃某种决策方案或调整、改变某种决策方案的风险处理方式。风险回避的前提在于企业能够准确地对企业自身条件和外部形势、客观存在的风险的属性和大小有准确的认识。

在面临灾难性风险时，采用风险回避的方式处置风险是比较有效的。它简单易行，对风险的预防和控制具有彻底性，而且具有一定的经济性。但有时，放弃承担风险也就意味着将放弃某些机会。因此，在某些情况下，这种方法是一种比较消极的处理方式。

通常最适合采取风险回避措施的情况有两种：一种是风险事件发生的概率很大且损失后果也很大；另一种是采用其他的风险响应措施的成本超过了其带来的效益。

（2）风险转移。风险转移是一种常用的、十分重要的、应用范围最广且最有效的风险管理手段，其是指将风险及其可能造成的损失全部或部分转移给他人。风险转移并不意味着一定是将风险转移给了他人且他人肯定会受到损失。各人的优势、劣势不一样，对风险的承受能力也不一样，对于自己是损失但对于别人有可能就是机会，所以在某种环境下，风险转移者和接受者会取得双赢。

一般来说，风险转移的方式可以分为非保险转移和保险转移。非保险转移是指通过订立经济合同，将风险以及与风险有关的财务结果转移给别人。在经济生活中，常见的非保险转移有签订承包合同、工程分包、工程担保等。保险转移是指通过订立保险合同，将风险转从/移给保险公司（保险人）。在面临风险以前，可以向保险人缴纳一定的保险费，将风险转移。一旦预期风险发生并且造成了损失，则保险人必须在合同规定的责任范围之内进行经济赔偿。

由于保险存在着许多优点，所以，通过保险来转移风险是最常见的风险管理方式。需要指出的是，并不是所有的风险都能够通过保险来转移，因此，可保风险必须符合一定的条件。

（3）风险分散。风险分散就是将风险在项目各参与方之间进行合理分配。风险分配通常在任务书、责任书、合同、招标文件等文件中进行规定。风险分散旨在通过增加风险承受单位来减轻总体风险的压力，以达到共同分担风险的目的。

（4）风险自留。风险自留也称风险承担，是指项目管理者自己非计划性或计划性地承担风险，即将风险保留在风险管理主体内部，以其内部的资源来弥补损失。保险和风险自留是企业在发生损失后两种主要的筹资方式，都是重要的风险管理手段。风险自留目前在发达国家的大型企业中较为盛行。风险自留既可以是有计划的，也可以是无计划的。

1）无计划的风险自留是由于风险管理人员没有意识到项目某些风险的存在，或者不曾有意识地采取有效措施，以致风险发生后只好保留在风险管理主体内部。这样的风险自留就是无计划的和被动的。

无计划的风险自留产生的原因有：风险部位没有被发现、不足额投保、缺乏风险意识、风险识别失误、风险分析与评价失误、风险决策延误、风险决策实施延误等。在这些情况下，一旦造成损失，企业必须以其内部的资源（自有资金或者借入资金）来加以补偿。如果该组织无法筹集到足够的资金，则只能停业。因此，准确地说，无计划的风险自留不能看作风险管理的措施。

2）有计划的风险自留是一种重要的风险管理手段，是主动的、有意识的、有计划的选择。它是风险管理者察觉了风险的存在，估计到了该风险造成的期望损失，决定以其内部的资源（自有资金或借入资金）来对损失加以弥补的措施。有计划的风险自留绝不可能单独运用，而应与其他风险对策结合使用。实行有计划的风险自留，应做好风险事件的工程保险和实施损失控制计划。

引导问题 11

风险监控的内容是什么？

小提示

风险监控就是对工程项目风险的监视和控制。

（1）风险监视。在实施风险响应计划的过程中，人们对风险的响应行动必然会对风险和风险因素的发展产生相应的影响。风险监视的目的在于通过观察风险的发展变化，评估响应措施的实施效果和偏差，改善和细化应对计划，获得反馈信息，为风险控制提供依据。风险的监控过程是一个不断认识项目风险的特征及不断修订风险管理计划和行为的过程，这个过程是一个实时的、连续的过程。

（2）风险控制。风险控制是指根据风险监视过程中反馈的信息，在风险事件发生时实施预定的风险应对计划处理措施。当项目的情况发生变化时，重新对风险进行分析，并制订更有效的、新的响应措施。

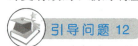

引导问题 12

风险监控的方式是什么？

小提示

风险监控的方式：

（1）建立项目风险监控体系。建立项目风险监控体系是指在项目建设前，在风险识别、评估和响应计划的基础上，制定出整个项目的风险监控的方针、程序、目标和管理体系。

（2）确定要监控的具体项目风险。按照项目识别和分析出的具体风险事件，根据风险后果的严重程度和风险发生概率的大小，以及项目组织的风险监控资源情况，确定出应对哪些风险进行监控。

（3）确定项目风险的监控责任。将风险监控的责任工作分配和落实到具体的人员，并确定这些人员的具体责任。

（4）确定风险监控的计划和方案。制订相应的风险监控时间计划和安排，避免错过风险监控的时机。再根据风险监控的时间和安排，制订出各个具体项目风险的控制方案。

（5）实施与跟踪具体项目风险监控。在实施项目风险监控的活动时，要不断收集监控工作的信息并给出反馈，确认监控工作是否有效，项目风险的发展是否有新的变化。不断地提供反馈信息，不断地修订项目风险监控方案与计划。

（6）判断项目风险是否已经消除。判断某个项目风险是否已经解除，如已解除则该具体项目风险的控制作业就可以完成；反之，则需要进行重新识别并开始新一轮的风险监控作业。

（7）风险监控的效果评价。风险监控的效果评价是指对风险监控技术适用性及其收益情况进行的分析、检查、修正和评估，看风险管理是否以最少的成本取得了最大的安全保障。

12.5　能力训练

（1）任务下达

根据给定工程项目的建设概况和可能引起的风险因素，模仿案例，能够分析出影响建筑工程项目的风险因素，编写风险目录摘要，并做出适时的控制。

风险管理
能力训练

（2）步骤交底

某地块规划建设 36 班小学项目估算成本为 1.2 亿元，合同工期为 24 个月。

第一步，风险识别。

该项目经风险识别，认为该项目的主要风险有业主拖欠工程款、材料价格上涨、分包商违约、甲方材料供应不及时而拖延工期等多项风险。收集该项目有关的信息资料，确定各项风险的概率分布及其损失值。结合收集的信息资料，利用"风险目录摘要"见表 12-3，完成风险目录摘要，并做出适时的控制。

风险目录摘要　　　　　　　　　　　　　　　　　　　　表 12-3

风险摘要：行为主体引起的风险			编号：001		日期：2021.2.8
项目名称：某地块规划建设 36 班小学			负责人：王工		
序号	风险事件	风险事件描述	可能造成的后果	发生的概率	可能采取的措施
1	业主拖欠工程款	按期支付	没损失	50%	风险自留
		拖欠工程款 1 月	损失 505 万	20%	风险转移：工程担保
		拖欠工程款 2 月	损失 1010 万	20%	风险转移：工程担保
		拖欠工程款 3 月	损失 1515 万	10%	风险转移：工程担保
2	材料价格上涨	没有上涨	没损失	20%	风险自留
		上涨 2%	损失 156 万	50%	风险转移：工程保险
		上涨 5%	损失 390 万	20%	风险转移：工程保险
		上涨 8%	损失 624 万	10%	风险转移：工程保险
3	分包商违约	没有违约	没损失	20%	风险自留
		违约	损失 100 万	40%	风险回避：合同中止
		违约	损失 200 万	30%	风险回避：合同中止
		违约	损失 300 万	10%	风险回避：合同中止

序号	风险事件	风险事件描述	可能造成的后果	发生的概率	可能采取的措施
4	甲方材料供应不及时	没有违约	没损失	20%	风险自留
		违约	损失100万	40%	风险自留
		违约	损失200万	30%	风险自留
		违约	损失300万	10%	风险自留

风险目录摘要主要需调查、收集风险事件，填写风险事件描述，可能造成的后果，发生的概率和可能采取的措施等。

风险识别的这个步骤的难度是收集项目有关的准确的信息资料，并编制风险目录摘要。根据收集的风险事件，确定各项风险的概率分布及其损失值，还需做出适时的控制，即可能采取的措施。这是需要有丰富的项目管理经验的团队才能作出的判断。因此，即使知道风险管理的重要性，但实际执行时还是难以实际落实。

第二步，风险评估。

根据确定各项风险的概率分布及其损失值，分别计算出期望损失值，见表12-4～表12-8。

业主拖欠工程款风险期望损失　　　表12-4

平均拖期/月	拖欠损失/万元	概率分布/%	期望损失/万元
按期付款	0	50	0
拖期1月	505	20	101
拖期2月	1010	20	202
拖期3月	1515	10	151.5
合计	—	100	454.5

注：拖欠损失＝（总价/工期）×（1＋贷款利率）。

本例平均每拖期1个月为：（12000/24）×101%＝505（万元）

业主拖欠工程款风险期望损失主要有平均拖期、拖欠损失、概率分布和期望损失等。拖欠损失按照备注中的计算公式计算。

材料价格上涨风险期望损失　　　表12-5

材料费上涨/%	拖欠损失/万元	概率分布/%	期望损失/万元
没有上涨	0	20	0
2	156	50	78
5	390	20	78
8	624	10	62.4
合计	—	100	218.4

注：经济损失＝总价×材料费占总价比重×上涨程度＝总价×65%×上涨程度。

本例12000×65%×2%＝156（万元）

材料价格上涨风险期望损失主要有材料费上涨、拖欠损失、概率分布和期望损失等。拖欠损失按照备注中的计算公式计算。

分包商违约风险期望损失　　　　　　　　　　　表 12-6

经济损失/万元	概率分布/%	期望损失/万元
0（没有违约）	20	0
100	40	40
200	30	60
300	10	30
合计	100	130

注：根据分包工程性质及分包商素质估计分包商违约造成的经济损失。

分包商违约风险期望损失主要有经济损失、概率分布和期望损失等。经济损失按照备注中说明计算。

甲方材料供应不及时风险期望损失　　　　　　　　表 12-7

经济损失/万元	概率分布/%	期望损失/万元
0（没有违约）	20	0
100	40	40
200	30	60
300	10	30
合计	100	130

注：根据材料对工期的影响估算平均拖期 1d 的损失金额，本例为每拖期供应 1d 损失 5 万元。

甲方材料供应不及时风险期望损失主要有经济损失、概率分布和期望损失等。经济损失按照备注中说明计算。

项目风险期望损失汇总　　　　　　　　　　　表 12-8

风险因素	期望损失/万元	（期望损失/总价）/%	（期望损失/总期望损失）/%
业主拖欠工程款	454.5	0.379	48.72
材料价格上涨	218.4	0.182	23.40
分包商违约	130.0	0.108	13.94
甲方材料供应不及时	130.0	0.108	13.94
总计	932.9	0.777	100.00

项目风险期望损失汇总是将上述表中的风险因素、期望损失、期望损失/总价、期望损失/总期望损失等进行汇总计算。

经分析，该项目总风险（假定已包括了项目的全部风险）期望损失约为总价的 0.777%，所造成的总风险期望损失为 932.9 万元；从各风险因素期望损失占总期望损失的比重看，其中业主拖欠工程款的风险损失占项目总风险的比重达到 48.72%，危害最大；材料价格上涨的风险占项目总风险的比重达到 23.40%；分包商违约和材料供应不及时占 13.94%，影响也不可忽视，都应该是承包商风险防范的重点。

风险评估中根据确定各项风险的概率分布及其损失值，就能计算期望损失值。再经分析，就能确定项目总风险期望损失的比重以及所造成的总风险期望损失值。也可以分析各风险因素期望损失占总期望损失的比重来确定哪些风险危害较大，不可忽视，就是承包商风险防范的重点。

第三步，风险响应。

本案例中，发生了业主拖欠工程款 1 个月，根据风险目录摘要，采取了工程担保的措施；发生了材料价格上涨 5％，根据风险目录摘要，采用工程保险的措施。

风险响应就是采取什么对策、措施来抵抗对应的风险。但是，这里特别强调一下。对于单一风险可根据风险目录摘要进行风险响应。但是对于组合风险，需综合考虑风险响应的措施。

第四步，风险监控。

本案例中，发生了业主拖欠工程款 1 个月和材料价格上涨 5％等事件时，在实施风险响应计划的过程中，观察风险的发展变化，评估响应措施的实施效果和偏差，改善和细化应对计划，获得反馈信息。根据风险监视过程中反馈的信息，在风险事件发生时实施预定的风险应对计划处理措施；当发生业主拖欠工程款、材料价格上涨、分包商违约、甲方材料供应不及时等以外风险因素或风险因素比重发生变化时，需重新对风险进行分析，并制订更有效的、新的响应措施。

在实施风险响应计划的过程中，观察风险的发展变化，评估响应措施的实施效果和偏差，改善和细化应对计划，获得反馈信息。根据风险监视过程中反馈的信息，在风险事件发生时实施预定的风险应对计划处理措施；当风险目录摘要以外风险因素或风险因素比重发生变化时，需重新对风险进行分析，并制订更有效的、新的响应措施。这样才能充分发挥风险监控的价值。要不然风险监控就会流于形式。

（3）工作实施

根据老师指定项目的项目概况及该项目存在的主要风险，利用"风险目录摘要"样例（表 12-3），完成风险目录摘要（表 12-9），并做出适时的控制。

风险目录摘要   表 12-9

风险摘要：				编号：	日期：
项目名称：				负责人：	
序号	风险事件	风险事件描述	可能造成的后果	发生的概率	可能采取的措施
1					
2					

续表

序号	风险事件	风险事件描述	可能造成的后果	发生的概率	可能采取的措施
3					
......					

12.6　评价反馈：相关表格详见课程学习导言。

学习情境 13　移 交 管 理

13.1　学习情境描述

　　××国家旅游度假区基础设施建设开发中心开发建设的某地块规划建造36班小学项目开工后，该开发中心委托××工程咨询有限公司进行全过程工程咨询服务。在项目建设管理中，该工程咨询有限公司进行移交管理。该工程咨询有限公司制订了工程移交工作计划表，依据计划组织参建单位移交竣工档案和移交建设项目实体，并负责收集建设工程竣工档案，最后向城建档案管理部门移交等。

移交管理
学习情境描述

13.2　学习目标

　　根据实际项目能进行移交管理，主要包括以下几项内容：

（1）能制订工程移交工作计划表；

（2）能组织参建单位移交竣工档案和移交建设项目实体；

（3）能向城建档案管理部门移交建设工程竣工档案。

13.3　任务书

根据给定的工程项目，开展移交管理工作。

13.4　工作准备

引导问题 1

什么是移交管理？它的作用是什么？成果的表现形式是什么？

 小提示

移交管理指全部合同收尾后，在政府项目监管部门或社会第三方中介组织协助下，运用计划、组织、指挥、协调和控制等管理职能，在项目业主与全部项目参与方之间进行项目所有权的移交，并在合同约定的期限内，进行移交回访。在项目验收、移交后，在合同规定的缺陷保修期内进行项目保修。

其主要作用是促进项目移交工作顺利开展。

移交管理成果的表现形式是编制移交管理用表，确保项目移交顺利开展。

 引导问题 2

项目移交的内容是什么？

 小提示

项目移交包括实体移交和文件移交，项目移交方和项目接收方将在项目移交报告上签字，形成项目移交报告。项目移交报告即表明项目移交的结束。

（1）项目的实体移交

项目的实体移交包括可交付的一切项目实体或项目服务。在提供项目移交报告之前应当进行项目移交的检查工作，仔细填写移交检查表。项目的移交检查表是罗列项目所有交付成果的表格，并对其中的具体细节进行描述，以便今后核对。

（2）项目文件移交

一般情况下，项目文件移交是一个贯穿项目整个生命周期的过程，只是在最后的收尾阶段，项目文件移交具有很深刻的意义和作用。项目的各个阶段移交的文件资料是不同的。

初始阶段应当移交的主要文件资料有：项目初步可行性研究报告及其相关附件、项目详细可行性报告及其附件、项目方案报告、项目评估与决策报告。

计划阶段应当移交的主要文件资料有：项目描述文档、项目计划文档等。

实施阶段应当移交的主要文件资料有：项目中可能的外购和外包合同、标书、项目变更文件、所有项目会议记录、项目进展报告等。

收尾阶段应当移交的主要文件资料有：项目测试报告、项目质量验收报告、项目后评价资料、项目移交文档一览表、各款项结算清单、项目移交报告等。

 引导问题 3

项目移交的范围是什么？

_____

_____

_____

_____

 小提示

对于不同行业的、不同类型的项目，国家或相应的行业主管部门出台了各类项目移交的规程或规范。下面就依投资主体的不同，分别就个人投资项目、企（事）业投资项目和国家投资项目的移交范围进行讨论，并且这些讨论以投资建设项目为主。

（1）个人投资项目移交的范围。对于个人投资项目（如外商投资的项目），一旦验收完毕，应由项目团队与项目业主按合同进行移交。移交的范围是合同规定的项目成果、完整的项目文件、项目合格证书、项目产权证书等。

（2）企（事）业投资项目移交的范围。对于企（事）业单位投资项目，如企业利用自有资金进行的技术改造项目，企（事）业为项目业主，应由企（事）业的法人代表出面代表项目业主进行项目移交。移交的依据是项目合同。移交的范围是合同规定的项目成果、完整的项目文件、项目合格证书、项目产权证书等。

（3）国家投资项目移交的范围。对于国家投资项目，投资主体是国家，但却是通过国有资产的代表实施投资行为。一般来说，对中、小型项目，是地方政府的某个部门担任业主的角色。对大型项目，通常是委托地方政府的某个部门担任建设单位（项目业主）的角色，但建成后的所有权属于国家（中央）。对国家投资项目，因为项目建成后，项目的使用者（业主）与项目的所有者（国家）不是一体的，因而竣工验收和移交要分两个层次进行。

1）项目团队向项目业主进行项目验收和移交。一般是项目已竣工并通过验收班子的竣工验收之后，由监理工程师协助项目团队向项目业主进行项目所有权的移交。

2）项目业主向国家进行的验收与移交。由国家有关部委组成验收工作小组，在项目竣工验收试运行一年左右时间后进驻项目现场，在全面检查项目的质量、档案、环保、财务、预算、安全及项目实际运行的性能指标、参数等情况之后，进行项目移交手续。移交在项目法人与国家有关部委或国有资产授权代表之间进行。

 **引导问题 4**

移交管理的内容是什么？

_____

_____

_____

_____

 **小提示**

移交管理工作主要包括提交工程移交工作计划表、组织参建单位移交竣工档案和移交建设项目实体、负责收集建设工程竣工档案及向城建档案管理部门移交等。移交管理工作应计划明确、资料齐全，项目质量应符合相关标准的规定。

全过程工程咨询单位应向使用单位提交工程移交工作计划表，确定工程移交时间及移交项目。

全过程工程咨询单位应组织参建单位按承包的建设项目名称和合同约定的交工方式，向投资人进行项目移交。移交工作内容应包括竣工档案移交和建设项目实体移交等。竣工档案移交工作应符合现行国家标准《建设工程文件归档规范》GB/T 50328 和建设项目所在地城建档案馆的规定。建设项目实体移交应符合现行国家标准《建筑工程施工质量验收统一标准》GB 50300 的规定。

全过程工程咨询单位应组织各单位按归档要求对建设工程档案进行收集、整理与汇总。项目竣工档案移交的资料应包括工程准备阶段文件、监理文件、施工文件和竣工图等竣工验收文件。

全过程工程咨询单位应负责收集建设工程竣工档案，并统一向城建档案管理部门移交。全过程工程咨询单位移交工程竣工材料时，应按工程竣工资料清单目录进行逐项交接，办清交验签章手续。

 **引导问题 5**

工程移交的方式是什么？

 **小提示**

工程项目经竣工验收合格后，便可办理工程移交手续。即将项目的所有权移交给建设单位。

工程移交的方式：

（1）建设项目移交是建设项目通过了竣工验收后，全过程工程咨询单位组织投资人、施工单位、监理单位向使用单位（物管公司）进行移交项目所有权的过程；

（2）建设项目经竣工验收合格后，便可办理工程交接手续，交接手续应及时办理，以便早日投产使用，发挥投资效益；

（3）竣工结算已审核并经各方签字认可后，即可移交项目工程实体；

（4）工程实体移交前，各单位应将成套的工程技术资料按规定进行分类管理，编目建档后，由全过程工程咨询单位负责组织移交给投资人，同时施工单位还应将在施工中所占用的房屋设施，进行维修清理，打扫干净，连同房门钥匙全部予以移交。

当项目的实体移交、文件资料移交和项目款项结清后，项目移交方和项目接收方将在项目移交报告上签字，形成项目移交报告。项目移交报告即构成项目移交的结果。

13.5 能力训练

移交管理
能力训练

（1）任务下达

根据给定的工程项目，进行移交管理。制订工程移交工作清单，组织参建单位移交竣工档案和移交建设项目实体，编写工程移交记录表。负责收集建设工程竣工档案，并向城建档案管理部门移交等。

（2）步骤交底

本案例中，××国家旅游度假区基础设施建设开发中心开发建设的某地块规划建设36班小学项目开工后，××工程咨询有限公司对该项目进行移交管理。

第一步，制订工程移交工作计划表。

案例中，该工程咨询有限公司为顺利开展移交管理，制订竣工档案移交和实体工程移交工作计划表，见表13-1。

竣工档案移交和实体工程移交工作计划表　　　　　　　　　表 13-1

移交内容		计划移交日期	移交单位	接收单位
竣工档案	工程准备阶段文件	2021/11/9	××监理单位	××建设单位
	监理文件	2021/11/9	××监理单位	××建设单位
	施工文件	2021/11/9	××施工单位	××建设单位
	竣工图	2021/11/9	××施工单位	××建设单位
	工程竣工验收文件	2021/11/9	××监理单位	××建设单位
	工程声像文件	2021/11/9	××施工单位	××建设单位
	地下管线测量成果	2021/11/9	××施工单位	××建设单位
实体工程	土建工程	2021/11/9	××建设单位	××物业有限公司
	建筑给排水及采暖	2021/11/9		
	建筑电气	2021/11/9		
	智能建筑	2021/11/9		
	通风与空调	2021/11/9		
	电梯	2021/11/9		

竣工档案移交和实体工程移交工作计划表包括移交内容、计划移交日期、移交单位和接收单位等。

本案例中，为了便于移交管理，竣工档案移交和实体工程移交工作计划表中将移交内容分为了竣工档案和实体工程。竣工档案建议按照建设工程文件归档规范中的分类制订逐项移交计划，实体工程建议按照分部工程分类制订逐项移交计划。

第二步，组织竣工档案和建设项目实体移交。

案例中，该工程咨询有限公司依据计划组织参建单位移交竣工档案和移交建设项目实体，并编写了工程移交记录表（表13-2）及其附件竣工档案移交工作清单（表13-3），实体工程移交工作清单（表13-4）。该工程咨询有限公司负责收集建设工程竣工档案，并及时向城建档案管理部门移交建设工程竣工档案。

工程移交记录表　　　　　　　　　　　　　　　　　　表 13-2

移交工程	某地块规划建造36班小学	数量	4	单位	栋
验收单位	××建设单位、××勘察单位、××设计单位、××监理单位、××施工单位				
施工单位	××建设有限公司				
验收情况说明： 实体工程验收合格，资料齐全					
移交清单：（详附件竣工档案移交工作清单、实体工程移交工作清单）					
使用说明移交：设备使用说明					
资料情况	齐全		签收人		张工
移交单位	××建设单位				
接收单位	××物业有限公司				
接收单位意见： 同意接收					
移交人：王工		时间：2021/11/9			
接收人：张工		时间：2021/11/9			
备注：					

　　建设单位组织勘察单位、设计单位、监理单位、施工单位和物业单位等共同验收竣工档案和实体工程，填写工程移交记录表。工程移交记录表主要如实记录移交工作的各项信息，重点记录验收情况说明和移交清单。移交清单内容比较多，一般以附件形式附后，罗列项目所有交付成果的表格，并对其中的具体细节进行描述，以便今后核对。

竣工档案移交工作清单　　　　　　　　　　　　　　　　表 13-3

编号	归档文件	原件（份数）	移交部门	接收部门
	工程准备阶段文件			
1	项目建议书批复文件及项目建议书	2	××监理单位	××建设单位
2	可行性研究报告批复文件及可行性研究报告	2		
3	专家论证意见、项目评估文件	0		
4	有关立项的会议纪要、领导批示	0		

编号	归档文件	原件（份数）	移交部门	接收部门
工程准备阶段文件			
5	选址申请、选址规划意见通知书及附图	1	××监理单位	××建设单位
6	建设用地批准书	1		
7	建设用地规划许可证及其附件附图	2		
8	土地使用证明文件及其附件（含用地呈报表、一书一方案、土地划拨决定书等过程文件）	1		
9	规划放样文件（含定位略图、±0.000检测等）	1		
10	工程、水文地质勘察报告	25		
11	设计方案审查意见	0		
12	有关行政主管部门（消防、人防、环保、环评、交警、交评、绿化、卫生、职业病防治、防雷等）批准文件或取得的有关协议	7		
13	施工图（含节能）设计文件审查报告及审核合格备案书	26		
14	勘察合同	12		
15	设计合同	13		
16	施工合同（含代建合同、甲方分包合同等）	40		
17	监理合同	18		
18	建设工程规划许可证、附件及附图	2		
19	建设工程施工许可证	1		
20	工程（含人防工程）质量安全监督手续	1		
21	工程概况信息表	1		
22	建设、设计、勘察、施工、监理机构和现场管理人员的基本信息；建设、设计、勘察、施工、监理机构的项目负责人基本信息、法定代表人授权书、工程质量终身责任承诺书	15		
监理文件			
23	监理规划	30	××监理单位	××建设单位
24	监理实施细则	140		
25	监理工作总结	15		
26	工程开工报审表、工程暂停令及复工报审表、竣工报检表	2		
27	工程延期申请表、审批表	0		
28	质量事故报告及处理文件材料	0		
施工文件			
施工管理文件、施工技术文件			
29	开工、复工、竣工报告	2	××施工单位	××建设单位
30	建设工程质量事故勘查记录	0		
31	建设工程质量事故报告书	0		

续表

编号	归档文件	原件 （份数）	移交部门	接收部门
	施工文件			
	施工管理文件、施工技术文件			
32	见证试验检测汇总表	38	××施工 单位	××建设 单位
33	图纸会审记录	12		
34	设计变更通知单及目录汇总表	20		
35	工程洽商记录（技术核定单）及目录汇总表	0		
	施工物资出厂质量证明文件及进场检测文件			
36	钢筋、隔热保温、防腐材料、商品混凝土、预拌砂浆出厂证明文件	79	××施工 单位	××建设 单位
37	钢材试验报告及汇总表	110		
38	水泥试验报告及汇总表	25		
39	砂、碎（卵）石、砖（砌块）、外加剂、防水涂料、防水卷材试验报告及汇总表	21		
40	预应力筋复试报告及汇总表	0		
41	预应力锚具、夹具和连接器复试报告及汇总表	0		
42	钢结构用钢材复试报告及汇总表	0		
43	钢结构用防火涂料复试报告及汇总表	0		
44	钢结构用焊接材料复试报告及汇总表	0		
45	钢结构用高强度大六角头螺栓连接副复试报告及汇总表	0		
46	钢结构用扭剪型高强螺栓连接副复试报告及汇总表	0		
47	幕墙用铝塑板、石材、玻璃、结构胶复试报告及汇总表	3		
48	散热器、采暖系统保温材料、通风与空调工程绝热材料、风机盘管机组、低压配电系统电缆的见证取样复试报告及汇总表	8		
49	节能工程材料复试报告及汇总表	9		
	施工记录文件			
50	土建隐蔽工程验收记录	489	××施工 单位	××建设 单位
51	安装隐蔽工程验收记录	231		
52	工程定位测量记录	130		
53	基槽验线记录	3		
54	建筑物垂直度、标高观测记录	8		
55	沉降观测记录	14		
56	地基钎探记录	0		
57	地基验槽记录	5		
58	桩位偏差记录及附图	1		
59	地基基础、主体结构中间验收记录	2		
60	大型构件吊装记录	0		

编号	归档文件	原件（份数）	移交部门	接收部门
施工记录文件				
61	预应力筋张拉记录	0	××施工单位	××建设单位
62	有粘结预应力结构灌浆记录	0		
63	网架（索膜）施工记录	0		
施工试验记录及检测文件				
64	地基承载力检验报告	23	××施工单位	××建设单位
65	桩基检测报告	21		
66	土工击实试验报告	0		
67	回填土试验报告及附图	0		
68	钢筋机械、焊接连接试验报告	232		
69	砂浆抗压强度试验报告	33		
70	砌筑砂浆试块强度统计、评定记录	33		
71	混凝土抗压强度试验报告	252		
72	混凝土试块强度统计、评定记录	18		
73	混凝土抗渗试验报告	29		
74	外墙饰面砖样板粘结强度试验报告	0		
75	后置埋件抗拔试验报告	1		
76	超声波探伤报告、探伤记录	0		
77	钢构件射线探伤报告	0		
78	磁粉探伤报告	0		
79	高强度螺栓抗滑移系数检测报告	0		
80	钢结构焊接工艺评定	0		
81	网架节点承载力试验报告	0		
82	钢结构防腐、防火涂料厚度检测报告	0		
83	木结构构件力学性能试验报告	0		
84	幕墙双组份硅酮结构胶混匀性及拉断试验报告	2		
85	幕墙的抗风压性能、空气渗透性能、雨水渗透性能及平面内变形性能检测报告	12		
86	外门窗的抗风压性能、空气渗透性能和雨水渗透性能检测报告	13		
87	墙体节能工程保温板材与基层粘结强度现场拉拔试验报告	1		
88	结构实体混凝土强度验收记录	33		
89	结构实体钢筋保护层厚度验收记录	34		
90	节能性能检测报告	12		

编号	归档文件	原件（份数）	移交部门	接收部门
施工质量验收文件				
91	单位（子单位）工程质量竣工验收记录、控制资料核查记录、安全和功能检验资料核查及主要功能抽查记录、观感质量检查记录、分部（子分部）工程质量验收记录	34	××施工单位	××建设单位
92	分户验收汇总表、分户验收记录	456		
93	其他施工验收文件（施工总结、甩项报告等）	0		
竣工图				
94	建筑竣工图	89	××施工单位	××建设单位
95	结构竣工图（含桩位竣工图）	109		
96	钢结构竣工图	0		
97	幕墙竣工图	45		
98	建筑给排水及采暖竣工图	44		
99	建筑电气竣工图	34		
100	智能建筑竣工图	24		
101	通风与空调竣工图	34		
102	人防工程竣工图	12		
103	规划红线内的室外给水、排水、供热、供电、燃气、通信、照明管线等竣工图	0		
104	规划红线内的道路、园林绿化、喷灌设施等竣工图	0		
工程竣工验收文件				
105	勘察、设计单位工程质量检查报告，施工单位工程竣工报告，监理单位工程质量评估报告，工程竣工验收报告	5	××监理单位	××建设单位
106	房屋建筑工程质量保修书，住宅质量保证书，住宅使用说明书，建设工程竣工验收备案表	13		
107	工程竣工验收会议纪要	6		
108	专家组竣工验收意见	1		
109	政府职能部门各专项验收认可文件（规划、消防、环保、卫生、人防、交警、绿化、防雷、白蚁等）及消防、环保、室内环境检测报告、自来水、防雷等检测文件，质监站告知单	9		
110	地名使用批准书、楼号与地名幢号对照表	1		
工程声像文件				
111	工程照片	134	××施工单位	××建设单位
112	工程录音、录像素材、专题片（一、二级工程）	12		
地下管线测量成果				
113	技术报告、成果表等文件	11	××施工单位	××建设单位
114	专业、综合管线图	22		
115	竣工测量成果数据光盘	3		
	……			

竣工档案移交工作清单作为工程移交记录表的附件包括编号、归档文件、原件份数、移交部门、接收部门等。

本案例中竣工档案就是按照建设工程文件归档规范中的分类制定，如实填写具体的原件份数、移交部门、接收部门等。

实体工程移交工作清单　　　　　　　　　　　　　　　　表 13-4

	工作内容	施工单位	验收单位	验收时间	移交时间	移交责任人	接收单位	备注
1	土建工程 / 屋面防水	××建设有限公司	质监站	2021.5.9	2021.11.9	陈工	××物业有限公司	
2	房间	××建设有限公司	质监站	2021.10.9	2021.11.9	陈工	××物业有限公司	
3	走廊	××建设有限公司	质监站	2021.10.9	2021.11.9	陈工	××物业有限公司	
4	楼梯间	××建设有限公司	质监站	2021.10.9	2021.11.9	陈工	××物业有限公司	
5	门厅	××建设有限公司	质监站	2021.10.9	2021.11.9	陈工	××物业有限公司	
6	大门入口	××建设有限公司	质监站	2021.10.9	2021.11.9	陈工	××物业有限公司	
7	建筑给排水及采暖 / 室内给水系统	××建设有限公司	质监站	2021.10.9	2021.11.9	陈工	××物业有限公司	
8	室外排水系统	××建设有限公司	质监站	2021.10.9	2021.11.9	陈工	××物业有限公司	
9	室内热水供应系统	—	质监站	—	—	—	—	
10	卫生器具安装	××建设有限公司	质监站	2021.10.9	2021.11.9	陈工	××物业有限公司	
11	室内采暖系统	—		—	—	—	—	
12	室外给水管网	××建设有限公司		2021.10.9	2021.11.9	陈工	××物业有限公司	
13	室外排水管网	××建设有限公司		2021.10.9	2021.11.9	陈工	××物业有限公司	
14	室内供热管网	××建设有限公司		2021.10.9	2021.11.9	陈工	××物业有限公司	
15	建筑中水系统	—						
16	供热锅炉及辅助设备安装	—						

续表

	工作内容		施工单位	验收单位	验收时间	移交时间	移交责任人	接收单位	备注
17	建筑电气	室外电气	××建设有限公司	质监站	2021.10.9	2021.11.9	陈工	××物业有限公司	
18		变配电室	××电力公司		2021.10.21	2021.11.9	陈工	××物业有限公司	
19		供电干线	××电力公司	质监站	2021.10.21	2021.11.9	陈工	××物业有限公司	
20		电气动力	××电力公司	质监站	22021.10.21	2021.11.9	陈工	××物业有限公司	
21		电气照明安装	××建设有限公司	质监站	2021.10.9	2021.11.9	陈工	××物业有限公司	
22		备用和不间断电源安装	××建设有限公司	质监站	2021.10.9	2021.11.9	陈工	××物业有限公司	
23		防雷及接地安装	××建设有限公司	质监站	2021.10.9	2021.11.9	陈工	××物业有限公司	
24	智能建筑	……							
25		……							
26	通风与空调	……							
27		……							
28	电梯	……							
29		……							

实体工程移交工作清单作为工程移交记录表的附件，包括工作内容、施工单位、验收单位、验收时间、移交时间、移交责任人、接收单位等。

本案例中实体工程考虑验收的可操作性，在分部工程分类的基础上按照部位、功能等做了更细致的分类。将各项工作的施工单位、验收单位、验收时间、移交时间、移交责任人、接收单位逐项如实填写。

（3）工作实施

根据老师指定的项目情况，参照步骤交底，按照工作用表制订竣工档案移交和实体工程移交工作计划表并编写了工程移交记录表。工作用表见表13-5～表13-6。

竹工档案移交和实体工程移交工作计划表　　　　表 13-5

移交内容		计划移交日期	移交单位	接收单位
竹工档案	工程准备阶段文件			
	监理文件			
	施工文件			
	竣工图			
	工程竣工验收文件			
	工程声像文件			
	地下管线测量成果			
实体工程	土建工程			
	建筑给排水及采暖			
	建筑电气			
	智能建筑			
	通风与空调			
	电梯			

工程移交记录表　　　　表 13-6

移交工程		数量		单位	
验收单位					
施工单位					
验收情况说明：					
移交清单：（详附件竹工档案移交工作清单、实体工程移交工作清单）					
使用说明移交：设备使用说明					
资料情况				签收人	张工
移交单位					
接收单位					
接收单位意见：					
移交人：			时间：		
接收人：			时间：		
备注：					

13.6　评价反馈：相关表格详见课程学习导言。

学习情境 14　报 批 报 建 报 验

14.1　学习情境描述

××国家旅游度假区基础设施建设开发中心开发建设的某地块规划建设 36 班小学项

报批报建报验
学习情境描述

目开工后，该开发中心委托××工程咨询有限公司进行全过程工程咨询服务。该工程咨询有限公司在项目建设管理中，依据合同约定，建立工作制度、制订报批报建报验方案，协助建设单位完成报批报建报验。

14.2　学习目标

（1）能参照工作制度、报批报建报验方案范本，根据本项目实际情况，制订报批报建报验方案；

（2）能按照报批报建报验方案，完成报批报建报验。

14.3　任务书

根据给定的工程项目，开展项目的报批报建报验。

14.4　工作准备

什么是报批报建报验？它的作用是什么？成果是什么？

小提示

报批报建报验是指由建设单位或其代理机构从项目立项开始直至最后竣工移交的整个过程中，需向当地的建设行政主管部门及相关职能部门申请建设项目各个阶段所需要办理的各项手续或组织各项验收的行为。

其主要作用是通过优化工程项目的报批报建报验，合理进行报批报建报验过程中的工作穿插与有效搭接，缩短报批报建报验时间，确保工程项目建设向前顺利推进，实现工程项目建设成功。

报批报建报验的成果是遵循建设行政法规，按照法定程序获取各种批文、许可证和报验表等，以最短时间完成各类报批报建报验事项。

在项目建设的各阶段报批报建报验的内容是什么？

 小提示

项目建设的各阶段报批报建报验的内容如下：

(1) 立项用地规划阶段：立项报批、用地报批、资金申请；

(2) 建设与施工许可阶段：方案报批、初步设计报批、施工图审查、施工许可报批；

(3) 中间与竣工验收阶段：基槽验收、中间结构验收、综合验收、竣工备案、城建档案移交。

14.5　能力训练

(1) 任务下达

报批报建报验
能力训练

根据给定的工程项目，进行报批报建报验。参照工作制度、报批报建报验方案范本，根据本项目实际情况，制订报批报建报验方案；按照报批报建报验方案，完成报批报建报验。

(2) 步骤交底

本案例中，××国家旅游度假区基础设施建设开发中心开发建设的某地块规划建设36班小学项目开工后，××工程咨询有限公司对该项目进行报批报建报验。

报批报建报验工作步骤：

第一步，指定办事员了解报批报建报验中各项工作的程序、办理部门和办理所需资料。

第二步，收集各项工作办理所需的资料并填写对应的申请表。

第三步，开展报批报建报验并收集工作成果。

以报批报建报验工作中的施工许可报批和竣工验收报验为例来训练报批报建报验的能力。

1) 施工许可报批

第一步，为顺利完成施工许可报批工作，需指定办事员了解施工许可报批工作的报批程序、办理部门和办理所需资料。

案例中，该工程咨询有限公司为顺利进行报批报建报验，在项目建设管理中依据合同约定建立工作制度和制订报批报建报验方案。依据报批报报验方案，其中的施工许可报批工作由王工负责。王工为了顺利完成施工许可报批工作，他不仅利用政务网了解到报批程序、办理部门和办理所需资料，还到办事窗口对部分有困惑的地方进行了了解。

建设工程施工许可证审批在进行申报前需准备表14-1所列的申请材料，并按照报批流程进行申报。

建设工程施工许可证申请材料目录　　　　表14-1

材料名称	材料形式	必要性及描述	备注
建筑工程施工许可证申请表	系统自动获取，如数据不全则需申请者提交	必要	
《国有建设用地划拨决定书》《不动产权证书》《建设用地批准书》或土地证	系统自动获取，无需申请者提交	必要	申请人与产权人不一致，需申请人补充说明已征得产权人同意的证明

续表

材料名称	材料形式	必要性及描述	备注
建设工程规划许可证明文件或城乡规划主管部门批准的临时性建筑证明文件（新建、扩建工程）或所在建筑的建筑合法性证明文件（改建工程）	系统自动获取，无需申请者提交	非必要（在新建工程，房建工程改、扩建（包括外立面改动），市政工程改建（除面层更新外）时需要提供）	
施工图审查报告（含：消防审查合格书、人防审查合格书）、加盖审图章的全套工程施工图设计文件（未实行电子化图审的，需提供消防设计文件）	系统自动获取，无需申请者提交	必要	
中标通知书或直接发包批准手续，施工合同	系统自动获取，如数据不全则需申请者提交	必要	
施工场地（含拆迁进度）已经具备施工条件的声明	系统自动获取，如数据不全则需申请者提交	必要	
建设资金已落实承诺书	系统自动获取，如数据不全则需申请者提交	必要	
营业执照	系统自动获取，如数据不全则需申请者提交	必要	
授权委托书	系统自动获取，如数据不全则需申请者提交	非必要	
经办人身份证	系统自动获取，如数据不全则需申请者提交	非必要	

此表就是建设工程施工许可证申请所需的材料。其中，建筑工程施工许可证申请表、《国有建设用地划拨决定书》《不动产权证书》《建设用地批准书》或土地证、施工图审查报告、中标通知书或直接发包批准手续、施工合同、施工场地（含拆迁进度）已经具备施工条件的声明、建设资金已落实承诺书、营业执照为申请所需的必要材料，必须具备。其他几样材料根据项目的实际情况再确定是否需要准备。

第二步，收集施工许可报批申请资料并填写施工许可报批申请表。

建筑工程施工许可申请表填写见图 14-1。申请单位需完整填写工程简要说明，并加盖申请单位即建设单位的公章。同时需将建设单位提供的文件或证明材料附后，主要就是表中所示的材料。

第三步，开展施工许可报批工作，收集工作成果。

建筑工程施工许可申请完成后，从建设行政主管部门领取建筑工程施工许可证文件，如图 14-2 所示。

建筑工程施工许可

申 请 表

编号：

中华人民共和国住房和城乡建设部制

图 14-1　建筑工程施工许可申请表（一）

工程简要说明

建设单位名称	××国家旅游度假区基础设施建设开发中心	所有制性质	国有企业
建设单位地址	××路××号	电话	12345
法定代表人	张三	建设单位项目负责人	李四
工程名称	某地块规划建设36班小学		
建设地点	××路××号		
工程类别	房屋建筑工程		
合同价格	13974.4701万元；其中外币（币种）0万元		
建筑规模	总建筑面积39100平方米，其中地上建筑面积28600平方米（不含不计容架空层面积2102平方米），地下建筑面积10500平方米		
合同工期	730日历天		
施工总包单位	××建筑有限公司		
监理单位	××监理有限公司		
施工单位	王五	总监理工程师	丁六
勘察单位	××工程勘察院有限公司		
设计单位	××建筑设计研究院		
勘察单位	李七	设计单位	杨八

申请单位：

法定代表人（签章）　　单位（盖章）

2021年7月25日

图14-1　建筑工程施工许可申请表（二）

建设单位提供的文件或证明材料情况

《建设用地批准书》或《国有（集体）土地使用证》或《国有土地使用权批准通知书》	
建设工程规划许可证	
施工场地（含拆迁进度）已经具备施工条件的声明	
中标通知书或直接发包批准手续，施工合同	
施工图设计文件审查合格报告（含消防设计审核、人防工程核准）	
质量、安全监督手续（施工组织设计专项施工方案、工伤保险）	
建设资金已落实承诺书	
审查意见：　　　　　　　（发证机关盖章）	
经办人：　　审查人：　　年　月　日	

注：此栏中应填写文件或证明材料的编号。没有编号的，应由经办人审查原件或资料是否完备。

图14-1　建筑工程施工许可申请表（三）

中华人民共和国 建筑工程施工许可证

编号

根据《中华人民共和国建筑法》第八条规定，经审查，本建筑工程符合施工条件，准予施工。

特发此证

发证机关

发证日期　　　年　　月　　日

建设单位			
工程名称			
建设地址			
建设规模		合同价格	万元
勘察单位			
设计单位			
施工单位			
监理单位			
勘察单位项目负责人		设计单位项目负责人	
施工单位项目负责人		总监理工程师	
合同工期			
备注			

注意事项：

一、本证放置施工现场，作为准予施工的凭证。
二、未经发证机关许可，本证的各项内容不得变更。
三、住房城乡建设行政主管部门可以本证进行查验。
四、本证自核发之日起三个月内应予施工，逾期应办理延期手续，不办理延期或延期次数、时间超过法定时间的，本证自行废止。
五、在建的建筑工程因故中止施工的，建设单位应当自中止施工之日起一个月内向发证机关报告，并按照规定做好建筑工程的维护管理工作。
六、建筑工程恢复施工时，应当向发证机关报告；中止施工满一年的工程恢复施工前，建设单位应当报发证机关核验施工条件。
七、凡未取得本证擅自施工的属违法建设，将按《中华人民共和国建筑法》的规定予以处罚。

图14-2　建设工程施工许可证文件

2）竣工验收报验

第一步，为顺利完成竣工验收工作，需指定办事员了解竣工验收报验工作的程序。

案例中，该工程咨询有限公司为顺利进行报批报建报验，在项目建设管理中依据合同约定建立工作制度和制订报批报建报验方案。依据报批报建报验方案，其中的竣工验收报验工作由李工负责。李工为了顺利完成竣工验收报验工作，他首先了解竣工验收报验工作的程序。

竣工验收报验工作需准备竣工验收申请材料见表14-2，再填写竣工验收报审表。

竣工验收申请材料目录　　　　　　　　　　　表 14-2

材料名称	材料形式	必要性及描述
工程质量验收报告	纸质	必要
工程功能检验资料	纸质	必要

竣工验收所需的申请材料包括工程质量验收报告和工程功能检验资料等必要资料。展开来讲主要有设计单位竣工报告、勘察单位竣工报告、施工单位竣工报告、监理单位的工程质量评估报告、建设单位的竣工验收报告、单位工程质量竣工验收记录、单位工程质量控制资料核查记录、单位工程安全和功能检验资料核查记录、单位工程观感质量检查记录等。

第二步，收集竣工验收申请材料并填写竣工验收报审表。

收集竣工验收申请材料即设计单位竣工报告（图14-3）、勘察单位竣工报告（图14-4）、施工单位竣工报告（图14-5）、监理单位的工程质量评估报告（图14-6）、建设单位的竣

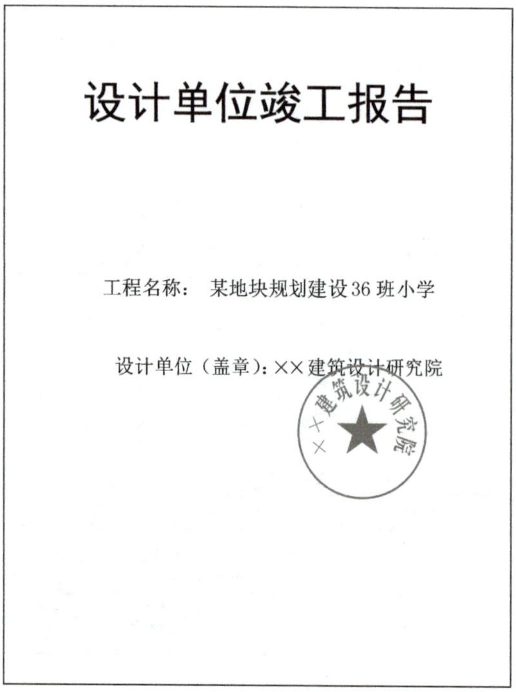

图 14-3　设计单位竣工报告（节选）

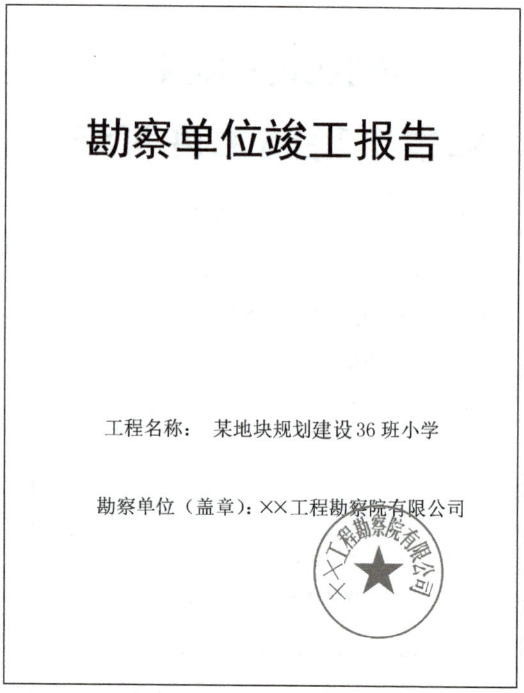

图 14-4　勘察单位竣工报告（节选）

施工单位竣工报告

工程名称：　某地块规划建设 36 班小学

施工单位（盖章）：××建筑有限公司

图 14-5　施工单位竣工报告（节选）

工程质量评估报告

工程名称：　某地块规划建设 36 班小学

监理单位（盖章）：××监理有限公司

图 14-6　工程质量评估报告（节选）

工验收报告（图 14-7）以及单位工程质量竣工验收记录（表 14-3）、单位工程质量控制资料核查记录（表 14-4）、单位（子单位）工程安全和功能检验资料核查及主要功能抽查记录（表 14-5），单位工程观感质量检查记录（表 14-6）等，并填写单位工程竣工验收报审表（表 14-7）。

　　单位工程质量竣工验收记录、单位工程质量控制资料核查记录、单位（子单位）工程安全和功能检验资料核查及主要功能抽查记录、单位工程观感质量检查记录这四张表格缺一不可。

单位工程质量竣工验收记录　　　　　　表 14-3

工程名称	某地块规划建设36班小学	结构类型	框架剪力墙	层数/建筑面积	6/1289m²
施工单位	××建筑有限公司	技术负责人	李志	开工日期	××年××月××日
项目负责人	王五	项目技术负责人	×××	完工日期	××年××月××日

序号	项目	验收记录	验收结论
1	分部工程验收	共8分部，经查符合设计及标准规定8分部	符合要求
2	质量控制资料核查	共49项，经核查符合规定49项	符合要求
3	安全和使用功能核查及抽查结果	共核查34项，符合规定34项，共抽查34项，符合规定34项，经返工处理符合规定0项	符合要求

续表

序号	项　目	验收记录	验收结论
4	观感质量验收	共抽查18项，达到"好"和"一般"的18项，经返修处理符合要求的0项	一般
5	综合验收结论	合格	

参加验收单位	建设单位	监理单位	施工单位	设计单位	勘察单位
	（公章） 项目负责人： ××年××月 ××日	（公章） 总监理工程师： ××年××月 ××日	（公章） 项目负责人： ××年××月 ××日	（公章） 项目负责人： ××年××月 ××日	（公章） 项目负责人： ××年××月 ××日

注：单位工程验收时，验收签字人员应由相应单位的法人代表书面授权。

竣工报告

工程名称：　某地块规划建设36班小学

建设单位（盖章）：××国家旅游度假区基础设施建设开发中心

图14-7　竣工验收报告（节选）

单位工程质量控制资料核查记录 表 14-4

工程名称		某地块规划建设 36班小学		施工单位	××建筑有限公司			
序号	项目	资料名称	份数	施工单位		监理单位		
				核查意见	核查人	核查意见	核查人	
1	建筑与结构	图纸会审记录、设计变更通知单、工程洽商记录	6	符合要求	×××	合格	×××	
2		工程定位测量、放线记录	245	符合要求	×××	合格	×××	
3		原材料出厂合格证书及进场检验、试验报告	289	符合要求	×××	合格	×××	
4		施工试验报告及见证检测报告	321	符合要求	×××	合格	×××	
5		隐蔽工程验收记录	226	符合要求	×××	合格	×××	
6		施工记录	226	符合要求	×××	合格	×××	
7		地基、基础、主体结构检验及抽样检测资料	6	符合要求	×××	合格	×××	
8		分项、分部工程质量验收记录	10	符合要求	×××	合格	×××	
9		工程质量事故调查处理资料						
10		新技术论证、备案及施工记录						
		······						
1	给水排水与供暖	图纸会审记录、设计变更通知单、工程洽商记录	3	符合要求	×××	合格	×××	
2		原材料出厂合格证书及进场检验、试验报告	7	符合要求	×××	合格	×××	
3		管道、设备强度试验、严密性试验记录	6	符合要求	×××	合格	×××	
4		隐蔽工程验收记录	18	符合要求	×××	合格	×××	
5		系统清洗、灌水、通水、通球试验记录	6	符合要求	×××	合格	×××	
6		施工记录	18	符合要求	×××	合格	×××	
7		分项、分部工程质量验收记录	18	符合要求	×××	合格	×××	
8		新技术论证、备案及施工记录						
		······						
1	通风与空调	图纸会审记录、设计变更通知单、工程洽商记录						
2		原材料出厂合格证书及进场检验、试验报告	2	符合要求	×××	合格	×××	
3		制冷、空调、水管道强度试验、严密性试验记录						

续表

序号	项目	资料名称	份数	施工单位		监理单位	
				核查意见	核查人	核查意见	核查人
4	通风与空调	隐蔽工程验收记录	6	符合要求	×××	合格	×××
5		制冷设备运行调试记录					
6		通风、空调系统调试记录	6	符合要求	×××	合格	×××
7		施工记录	6	符合要求	×××	合格	×××
8		分项、分部工程质量验收记录	3	符合要求	×××	合格	×××
9		新技术论证、备案及施工记录					
		······					
1	建筑电气	图纸会审记录、设计变更通知单、工程洽商记录					
2		原材料出厂合格证书及进场检验、试验报告	3	符合要求	×××	合格	×××
3		设备调试记录					
4		接地、绝缘电阻测试记录	1	符合要求	×××	合格	×××
5		隐蔽工程验收记录	6	符合要求	×××	合格	×××
6		施工记录	18	符合要求	×××	合格	×××
7		分项、分部工程质量验收记录	3	符合要求	×××	合格	×××
8		新技术论证、备案及施工记录					
		······					
1	智能建筑	图纸会审记录、设计变更通知单、工程洽商记录					
2		原材料出厂合格证书及进场检验、试验报告					
3		隐蔽工程验收记录					
4		施工记录					
5		系统功能测定及设备调试记录					
6		系统技术、操作和维护手册					
7		系统管理、操作人员培训记录					
8		系统检测报告					
9		分项、分部工程质量验收记录					
10		新技术论证、备案及施工记录					
		······					

续表

序号	项目	资料名称	份数	施工单位 核查意见	施工单位 核查人	监理单位 核查意见	监理单位 核查人
1	建筑节能	图纸会审记录、设计变更通知单、工程洽商记录					
2		原材料出厂合格证书及进场检验、试验报告	2	符合要求	×××	合格	×××
3		隐蔽工程验收记录	5	符合要求	×××	合格	×××
4		施工记录	6	符合要求	×××	合格	×××
5		外墙、外窗节能检验报告	2	符合要求	×××	合格	×××
6		设备系统节能检测报告					
7		分项、分部工程质量验收记录	2	符合要求	×××	合格	×××
8		新技术论证、备案及施工记录					
		……					
1	电梯	图纸会审记录、设计变更通知单、工程洽商记录					
2		设备出厂合格证书及开箱检验记录					
3		隐蔽工程验收记录					
4		施工记录					
5		接地、绝缘电阻测试记录					
6		负荷试验、安全装置检查记录					
7		分项、分部工程质量验收记录					
8		新技术论证、备案及施工记录					

结论：合格

施工单位项目负责人：
　　××年　××月××日

总监理工程师：
　　××年　××月××日

单位（子单位）工程安全和功能检验资料核查及主要功能抽查记录　表 14-5

工程名称		某地块规划建设 36 班小学		施工单位		××建筑有限公司	
序号	项目	安全和功能检查项目	份数	施工单位 核查意见	核查人	监理单位 核查意见	核查人
1	建筑与结构	地基承载力检验报告					
2		桩基承载力检验报告	1	符合要求	×××	合格	×××
3		混凝土强度试验报告	2	符合要求	×××	合格	×××
4		砂浆强度试验报告	1	符合要求	×××	合格	×××
5		主体结构尺寸、位置抽查记录	1	符合要求	×××	合格	×××
6		建筑物垂直度、标高、全高测量记录	1	符合要求	×××	合格	×××
7		屋面淋水或蓄水试验记录	1	符合要求	×××	合格	×××
8		地下室渗漏水检测记录					
9		有防水要求的地面蓄水试验记录					
10		抽气（风）道检查记录	1	符合要求	×××	合格	×××
11		外窗气密性、水密性、耐风压检测报告	1	符合要求	×××	合格	×××
12		幕墙气密性、水密性、耐风压检测报告					
13		建筑物沉降观测测量记录	15	符合要求	×××	合格	×××
14		节能、保温测试记录	1	符合要求	×××	合格	×××
15		室内环境检测报告	1	符合要求	×××	合格	×××
16		土壤氡气浓度检测报告					
1	给水排水与供暖	给水管道通水试验记录	1	符合要求	×××	合格	×××
2		暖气管道、散热器压力试验记录					
3		卫生器具满水试验记录	1	符合要求	×××	合格	×××
4		消防管道、燃气管压力试验记录					
5		排水干管通球试验记录	1	符合要求	×××	合格	×××
6		锅炉试运行、安全阀及报警联动测试记录					
1	通风与空调	通风、空调系统试运行记录					
2		风量、温度测试记录					
3		空气能量回收装置测试记录					
4		洁净室洁净度测试记录					
5		制冷机组试运行调试记录					
		……					
1	建筑电气	建筑照明通电试运行记录	1	符合要求	×××	合格	×××
2		灯具牢固定装置及悬吊装置的载荷强度试验记录	1	符合要求	×××	合格	×××
3		绝缘电阻测试记录	1	符合要求	×××	合格	×××
4		剩余电流动做保护器测试记录					
5		应急电源装置应急持续供电记录					
6		接地电阻测试记录	1	符合要求	×××	合格	×××
7		接地故障回路阻抗测试记录					

续表

序号	项目	安全和功能检查项目	份数	施工单位		监理单位	
				核查意见	核查人	核查意见	核查人
1	智能建筑	系统试运行记录					
2		系统电源及接地检测报告					
3		系统接地检测报告					
1	建筑节能	外墙节能构造检查记录或热工性能检验报告	1	符合要求	×××	合 格	×××
2		设备系统节能性能检验记录					
1	电梯	运行记录					
2		安装装置检测报告					

结论：

合格

施工单位项目负责人： ××年 ××月××日 总监理工程师： ××年 ××月××日

注：抽查项目由验收组协商确定。

单位工程观感质量检查记录　　　　表 14-6

工程名称		某地块规划建设 36 班小学	施工单位	××建筑有限公司

序号	项目		抽查质量状况	质量评价
1	建筑与结构	主体结构外观	共检查4点，好1点，一般3点，差　点	一般
2		室外墙面	共检查4点，好2点，一般2点，差　点	一般
3		变形缝、雨水管	共检查6点，好6点，一般0点，差　点	好
4		屋面	共检查3点，好1点，一般2点，差　点	一般
5		室内墙面	共检查6点，好1点，一般5点，差　点	一般
6		室内顶棚	共检查6点，好2点，一般4点，差　点	一般
7		室内地面	共检查6点，好2点，一般4点，差　点	一般
8		楼梯、踏步、护栏	共检查18点，好6点，一般12点，差　点	一般
9		门窗	共检查10点，好6点，一般4点，差　点	一般
10		雨罩、台阶、坡道、散水	共检查6点，好3点，一般3点，差　点	一般
		……		

续表

序号	项目		抽查质量状况	质量评价
1	给水排水与供暖	管道接口、坡度、支架	共检查6点，好4点，一般2点，差 点	好
2		卫生器具、支架、阀门	共检查 点，好 点，一般 点，差 点	
3		检查口、扫除口、地漏	共检查6点，好2点，一般4点，差 点	一般
4		散热器、支架	共检查 点，好 点，一般 点，差 点	
		……		
1	通风与空调	风管、支架	共检查6点，好4点，一般2点，差 点	好
2		风口、风阀	共检查6点，好6点，一般0点，差 点	好
3		风机、空调设备	共检查 点，好 点，一般 点，差 点	一般
4		管道、阀门、支架	共检查6点，好3点，一般3点，差 点	一般
5		水泵、冷却塔	共检查 点，好 点，一般 点，差 点	
6		绝热	共检查 点，好 点，一般 点，差 点	
		……		
1	建筑电气	配电箱、盘、板、接线盒	共检查6点，好4点，一般2点，差 点	好
2		设备器具、开关、插座	共检查6点，好2点，一般4点，差 点	一般
3		防雷、接地、防火	共检查6点，好6点，一般0点，差 点	好
		……		
1	智能建筑	机房设备安装及布局	共检查 点，好 点，一般 点，差 点	
2		现场设备安装	共检查 点，好 点，一般 点，差 点	
		……		
1	电梯	运行、平层、开门	共检查 点，好 点，一般 点，差 点	
2		层门、信号系统	共检查 点，好 点，一般 点，差 点	
3		机房	共检查 点，好 点，一般 点，差 点	
		……		
	观感质量综合评价		一般	

结论：

合格

施工单位项目负责人：　　　　　　　　　　　　　总监理工程师：
　××年　××月××日　　　　　　　　　　　　　　××年　××月××日

注：1. 对质量评价为差的项目应进行返修；
　　2. 观感质量检查的原始记录应作为本表附件。

单位工程竣工验收报审表

表 14-7

工程名称：<u>某地块规划建设 36 班小学</u>   编号：001

致：<u>××监理有限公司</u>

　　我方已按施工合同要求完成<u>某地块规划建设 36 班小学</u>工程，经我方自检合格，现将相关资料报上，请予以验收。

　　附件：1. 工程质量验收报告
　　　　　2. 工程功能检验资料

施工单位：（盖章）

项目经理（签字）：××
　　　　　　　　××年　××月××日

预验收意见：
经预验收，该工程合格/不合格，可以/不可以组织正式验收。

项目监理机构：（盖章）

总监理工程师（签字、加盖执业印章）：
　　　　　　　　　　年　　月　　日

注：本表一式三份，项目监理机构、建设单位、施工单位各一份。

　　第三步，进行竣工验收报验工作，收集工作成果。

　　竣工验收报验工作完成后，从监理单位领取盖章的报验申请表，见表 14-8。单位工程竣工验收报审表需在竣工验收报验前填写完整，同时附上相应的附件资料。

单位工程竣工验收报审表

表 14-8

工程名称：某地块规划建设 36 班小学　　　　　　　　　　　编号：001

致：××监理有限公司

　　我方已按施工合同要求完成某地块规划建设 36 班小学工程，经我方自检合格，现将相关资料报上，请予以验收。

　　附件：1. 工程质量验收报告
　　　　　2. 工程功能检验资料

施工单位：（盖章）

项目经理（签字）：××

××年　××月××日

预验收意见：

经预验收，该工程合格/不合格，可以/不可以组织正式验收。

项目监理机构：（盖章）

总监理工程师（签字、加盖执业印章）：××

××年　××月××日

注：本表一式三份，项目监理机构、建设单位、施工单位各一份。

（3）工作实施

根据老师指定的项目情况，制订报批报建报验方案，参照步骤交底，进行立项报批、用地报批、资金申请、方案报批、初步设计报批、施工图审查、施工许可报批、基槽验收、中间结构验收、综合验收、竣工备案、城建档案移交中某一项或几项的报批报建报验。

14.6　评价反馈：相关表格详见课程学习导言。

学 习 情 境 15　项 目 策 划

15.1　学习情境描述

　　××国家旅游度假区基础设施建设开发中心开发建设的某地块规划建设 36 班小学项目即将开工。在开工前，该开发中心委托××工程咨询有限公司进行项目策划，重点就组织策划、管理策划、技术策划、投资策划、招标

项目策划
学习情境描述

（采购策划）、合同策划、进度策划、质量策划、信息策划和风险策划等内容进行咨询，编制项目策划书。

15.2　学习目标

能编制项目策划书。

15.3　任务书

根据给定的工程项目，进行项目策划工作，编制项目策划书。

15.4　工作准备

 引导问题 1

什么是项目策划？它的作用是什么？成果是什么？

 小提示

项目策划是为达到项目管理目标，在调查、分析有关信息的基础上，遵循一定的程序，对未来（某项）工作进行全面的构思和安排，制定和选择合理可行的执行方案，并根据目标要求和环境变化对方案进行修改、调整的活动。

根据建设项目特征，通过环境调查、数据收集、经验整合等，对项目决策、实施和运营的相关问题进行系统分析、科学论证，编制具有指导性的成果文件。

其主要作用是在遵循"全面、可行、持续改进"的原则的基础上利用项目策划成果文件发挥目标预控。

项目策划的成果是形成项目策划书。

 引导问题 2

项目策划的内容是什么？

 小提示

项目策划应包括组织策划、管理策划、技术策划、投资策划、招标（采购）策划、合同策划、进度策划、质量策划、信息策划和风险策划等十项内容。

项目组织策划应包括项目管理的组织结构、任务分工、管理职能分工和工作流程策划等。

项目管理策划应包括项目决策、实施和运营阶段的管理方案，重点为实施阶段管理策划。

项目技术策划应包括对项目技术方案和关键、重难点技术进行的分析和论证，并明确技术标准和规范的应用，必要时还应组织对相应标准、规范进行调整或编制。

项目投资策划包括融资或贷款方案、建设期年度资金计划、建设期月度资金计划和运维期资金计划等。

项目招标（采购）策划应包括项目特点分析、招标管理、合同划分、采购预算、采购计划和采购方式等。

项目合同策划应包括合同结构设计、合同要素构成（界面、范围、价款、违约责任）、合同评审和合同变更等。

项目进度策划应包括里程碑计划、总进度计划、年进度计划及关键节点和纠偏方案等，进度计划宜采用现代化信息技术编制，并根据合同约定采用 BIM 进行进度模拟。

项目质量策划应包括质量控制关键点、难点及方案、质量管理责任人，并编制质量控制文件。

项目信息策划应包括信息平台、收发管理、档案内容、编码体系、归档与安全和移交方案等。

项目风险策划应包括投资风险、技术风险、管理风险和环境风险等，并对风险进行识别、评估、应对和监控。

上述内容组合后即是项目策划书。

引导问题 3

项目策划的方式是什么？

小提示

项目策划的方式：

（1）识别项目管理范围

项目管理范围应包括完成项目的全部内容，并与各相关方的工作协调一致。

（2）进行项目工作分解

项目工作分解结构应根据项目管理范围，以可交付成果为对象实施；应根据项目实际情况与管理需要确定详细程度，确定工作分解结构。

(3) 确定项目的实施方法

提供项目所需资源应按保证工程质量和降低项目成本的要求进行方案比较。

(4) 规定项目需要的各种资源

项目资源安排应形成项目资源进度计划，宜采用可视化图表表达。

(5) 测算项目成本

宜采用量价分离的方法，按照工程实体性消耗和非实体性消耗测算项目成本。

(6) 对各个项目管理过程进行策划

进行跟踪检查和必要的策划调整；项目结束后，宜编写项目管理策划的总结文件。

15.5　能力训练

(1) 任务下达

根据给定的工程项目，进行项目策划工作，编制项目策划书。

(2) 步骤交底

项目策划能力训练

本案例中，××国家旅游度假区基础设施建设开发中心就某地块规划建设36班小学项目委托××工程咨询有限公司进行项目策划，重点就组织策划、管理策划、技术策划、投资策划、招标（采购策划）、合同策划、进度策划、质量策划、信息策划和风险策划等内容进行咨询，编制项目策划书，如图15-1所示。

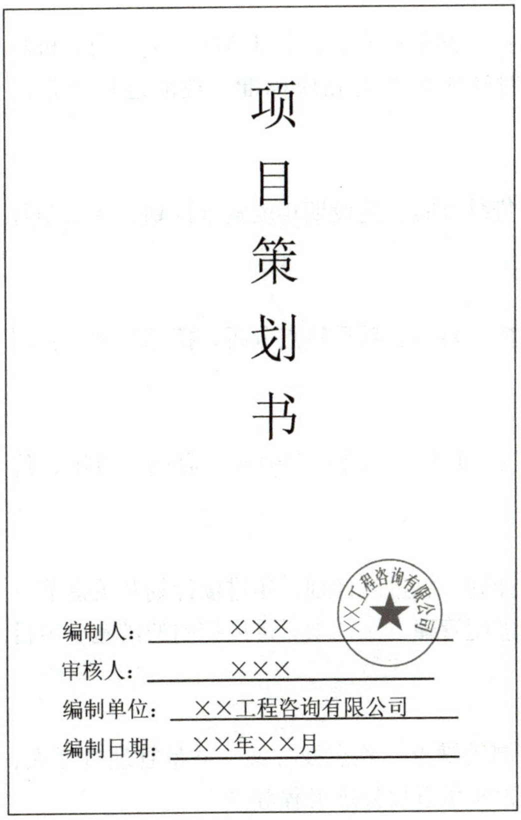
项目策划书

××工程咨询有限公司

编制人：×××

审核人：×××

编制单位：××工程咨询有限公司

编制日期：××年××月

图15-1　项目策划书（部分摘录）（一）

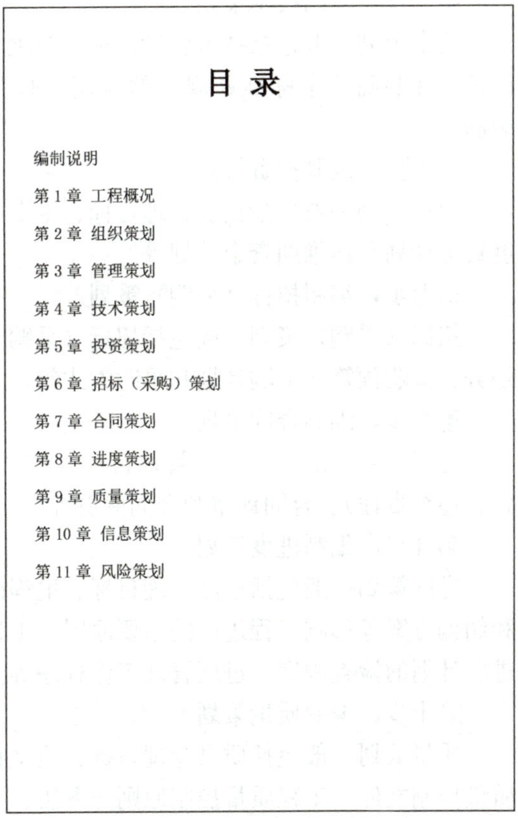
目　录

编制说明

第1章　工程概况

第2章　组织策划

第3章　管理策划

第4章　技术策划

第5章　投资策划

第6章　招标（采购）策划

第7章　合同策划

第8章　进度策划

第9章　质量策划

第10章　信息策划

第11章　风险策划

图15-1　项目策划书（部分摘录）（二）

第一步，编制项目策划书编制说明。

编 制 说 明

本工程为某地块规划建设 36 班小学，工程地点　__××市××路××号__　，建设单位　__××国家旅游度假区基础设施建设开发中心__　，工程概算总投资　__21751.3 万元__　，计划建设周期　__630 日历天__　。

根据《浙江省全过程工程咨询服务标准》、项目建议书、初步设计及相关批复、施工图设计及相关批复、咨询合同等编制本策划书。

第二步，编制工程概况。

工程概况一般涉及项目概况、项目建设管理服务范围及标准、项目管理目标、项目建设管理的特点和难点等内容。

第三步，编制组织策划。

组织策划一般包括项目管理的结构图、工作任务分工、管理职能分工、工作流程图、人员岗位职责等。

第四步，编制管理策划。

管理策划一般包括项目建设管理目标、项目决策、实施和运营阶段的管理方案，重点为实施阶段管理策划。

第五步，编制技术策划。

技术策划一般包括技术管理目标、对项目技术方案和关键、重难点技术进行的分析和论证，并明确技术标准和规范的应用，必要时还应组织对相应标准、规范进行调整或编制。

第六步，编制投资策划。

投资策划一般包括投资管理目标、融资或贷款方案、建设期年度资金计划、建设期月度资金计划和运维期资金计划等。

第七步，编制招标（采购）策划。

招标（采购）策划一般包括招标（采购）控制目标、项目特点分析、招标管理、合同划分、采购预算、采购计划和采购方式等。

第八步，编制合同策划。

合同策划一般包括合同管理目标、合同结构设计、合同要素构成（界面、范围、价款、违约责任）、合同评审和合同变更等。

第九步，编制进度策划。

进度策划一般包括进度管理目标、里程碑计划、总进度计划、年进度计划及关键节点和纠偏方案等影响工程进度的主要原因、工程进度管理方法、项目进度控制的措施、项目进度计划的检查制度、进度管理工作程序等。

第十步，编制质量策划。

质量策划一般包括质量管理目标、质量控制关键点、难点及方案、质量管理责任人、质量控制文件、工程质量控制原则与方法、工程质量事故处理流程等。

第十一步，编制信息策划。

信息策划一般包括信息管理目标、信息平台、收发管理、档案内容、编码体系、归档与安全和移交方案、项目文件管理流程等。

第十二步，编制风险策划。

风险策划一般包括风险管理目标、投资风险、技术风险、管理风险和环境风险等风险管理服务内容，并对风险进行识别、评估、应对和监控风险管理流程等。

（3）工作实施

根据老师指定的项目情况，参照步骤交底，进行项目策划工作，编制项目策划书。

15.6 评价反馈：相关表格详见课程学习导言。

参 考 文 献

[1]　浙江省住房和城乡建设厅．全过程工程咨询服务标准：DB33/T 1202—2020［S］．2020．

[2]　《全过程工程咨询服务技术标准》编制组．房屋建筑和市政基础设施建设项目全过程工程咨询服务技术标准(征求意见稿)［Z］．2020．

[3]　中华人民共和国住房和城乡建设部．建设工程项目管理规范：GB/T 50326—2017［S］．北京：中国建筑工业出版社，2017．

[4]　季更新．全过程工作咨询工作指南［M］．北京：中国建筑工业出版社，2020．

[5]　吴玉珊，韩江涛，等．建设项目全过程工程咨询理论与实务［M］．北京：中国建筑工业出版社，2018．

[6]　李冬，胡新赞，等．房屋建筑工程全过程工作咨询实践与案例［M］．北京：中国建筑工业出版社，2020．

[7]　天津国际工程咨询公司等．全过程工作咨询实务与核心技术［M］．北京：中国建筑工业出版社，2020．

[8]　北京圣华安咨询有限公司．基础设施全过程工作咨询操作指南［M］．北京：中国电力出版社，2021．

[9]　林锐，肖壮，赵晓飞．项目管理［M］．成都：电子科技大学出版社，2020．

[10]　刘树红，王岩．建设工程招投标与合同管理［M］．北京：北京理工大学出版社，2017．

[11]　蔡跃．职业教育活页式教材开发指导手册［M］．上海：华东师范大学出版社，2020．